CARLOS DE VASCONCELOS

PRO PATRIA

NEW YORK, 1908

1

Título original: Pró-Pátria

Produção Editorial: Pzz Editora

© Domínio público. Publicado originalmente pelo autor em Nova York, em 1908. Atualizado para a nova ortografia e preparado em e-book pela Pzz.

Vasconcelos, Carlos

Pró-Pátria

São Paulo – SP – Brasil:

Pzz Editora, 2014

148 páginas – 14 x 21 cm

Crítica social; Crítica ao cultivo e exploração da borracha, aos transportes do país e às instituições brasileiras.

ISBN: 978-1495904226

As meias-verdades sobre o primeiro ciclo da borracha (1827-1912)

Prefácio do editor

Pode-se pensar que uma *intelligentsia* mostre sinais de impotência provocados por algum princípio mensurador da decadência de um país. Mas também podemos atribuir a nossa vocação para o fracasso intelectual a um estranho fenômeno tropical, a uma deficiência que nos mantém no círculo vicioso de uma escolástica motivada pelas mesmas interpretações.

O ciclo da borracha no Brasil constitui um desses exemplos em que a falta de lógica, a ausência de perguntas, a incapacidade para ver além das aparências, nos prendem a uma interpretação que não seria singular se não fosse um exemplo revelador da doença do espírito que nos abrasa como uma malária, e que nos incapacita de enxergar além dos lugares comuns do vitimismo. Mas tudo não passa de falsificações de uma verdade que não se quer ver, e cujos resultados não se quer calcular — uma aversão congênita à verdade, e uma impotência ao raciocínio frio do cálculo.

Pouco se pode fazer contra uma montanha de asnices, exceto resistir com a evidência dos fatos descobertos pela metodologia intuitiva do pesquisador. Nossos historiadores repetem à exaustão de que o ciclo de navegação portuguesa foi motivado pela busca de especiarias, e o pobre adolescente engole esta estória na sala de aula como se, na Idade Média, o povo tivesse uma compulsão misteriosa para se encher de pimenta, cravo, canela e sabe-se lá o que mais para arder seus gorgomilos febricitantes de condimentos extravagantes.

E, na verdade, a mais banal das ligações entre causa e efeito, é que a dita pimenta da Índia era também um conservante dos alimentos dos navegadores, que metiam as carnes assadas em barricas, cobriam-nas com banha de porco e, sobre a superfície distribuída em alguns centímetros, colocavam sua porção de pimenta para evitar a deterioração. E, assim, o que era uma necessidade logística passa a ser uma questão de condimentar a sociedade em proporções rabelaisianas, na ausência de explicações de autores que leem outros e

3

passam a macaquear sem se fazer perguntas, e, muito menos, sem chegar às verdadeiras razões dos atos mais ordinários da vida cotidiana de uma época.

Com a borracha, ocorre algo semelhante. Entre tantas falsificações, podemos começar didaticamente mostrando como a realidade tão evidente, é, ao mesmo tempo, tão banal. Uma parábola sobre o distributivismo talvez possa iluminar alguma coisa para quem não costuma buscar na história um elenco de explicações lógicas para seus acontecimentos.

Suponhamos que "alguém" ganhe um milhão por mês, e a sociedade, assolada pela febre de populismo em nosso país, ache que ele deveria distribuir 40% e ainda assim viver como um rico. Consulta-se a opinião pública e esta logo se declara favorável a que esse Midas egoísta e desumano distribua seu milhão: 400 mil para 100 pessoas, resultando numa renda per capita de 4 mil, e 600 mil para o nosso Midas. Agora, parece implantado o socialismo, e tudo se acomoda na boa consciência da justiça social realizada.

Porém, uma investigação mais apurada constata que esse Midas que fatura 1 milhão não é uma pessoa, mas uma empresa que recebe 100 reais por mês pelos produtos que vende a 100 mil pessoas. Como empresas têm obrigações sociais, tudo parece pacificado. Mas, se perguntado as 100 mil se preferiam gastar só 60 reais, reservando os outros 40 reais para gastar em outras coisas, a resposta seria óbvia.

Mas até aí morreu o Neves, e acabou o distributivismo. É preciso dizer que os 100 premiados com uma renda de 4 mil mensais são funcionários inúteis, para aproximar a parábola ao nosso Brasil? E que os 100 mil que pagaram são nada menos do que a nossa classe trabalhadora — tão fartamente defendida pelo estrabismo distributivista, mas, na prática, tão vilipendiada pelas ideologias que pressupõem representá-la?

Estendendo a parábola a outras paragens, verificamos, com o passar do tempo, quais são as consequências para essa empresa. Se, a despeito de ser tungada em 40% de sua receita, ela consegue sobreviver, significa que uma empresa estrangeira, não submetida a semelhante abuso tributário, poderia acabar com a nossa empresa, especialmente quando esta produz para o mercado internacional.

Portanto, um país pode acabar com a produção de outro se for o comprador de sua matéria-prima e, ao mesmo tempo, for capaz de produzi-la mais barato.

Este é o caso revelado pelo 'Pró-Pátria', de Carlos de Vasconcelos, em uma vibrante descrição barroca escrita aos 26 anos de idade. Amigo de Euclydes da Cunha e de Alberto Rangel, foi um dos mais exuberantes narradores de nossa realidade amazônica na época da borracha (*hévea brasiliensis*).

Carlos Carneiro Leão de Vasconcelos nasceu em 1881 no Ceará, estudou em Recife, onde se formou como engenheiro operacional e topógrafo. Depois de formado, foi para o Amazonas trabalhar na demarcação do rio Purus. Passados 2 anos, veio para o Rio, onde concluiu o curso de engenharia civil em 1901. Voltou ao Amazonas para a demarcação do rio Iaco e do alto Purus, situados no Acre, então território habitado majoritariamente por cearenses extratores da "seringa". Depois de 2 anos, de volta ao Rio de Janeiro, participou ativamente do debate sobre a anexação do Acre.

Como outros de sua geração, estudou o espetacular desenvolvimento americano do século XIX e, entusiasmado com o fenômeno "América", viajou à Europa e aos EUA, de onde escreveu este livro ao Ministro de Obras de Afonso Pena, mostrando a insanidade dos anos que antecederam à crise que haveria de cortar nossas exportações de borracha abruptamente, em apenas 3 anos. Teria sido uma premonição não fosse uma simples operação lógica reservada à sua familiaridade com a ciência. Faleceu em 1923 no RJ, em consequência da explosão de uma caldeira.

http://pt.wikipedia.org/wiki/Carlos_Vasconcelos

O que ele nos conta é o resultado de duas forças atuantes na sociedade da época: o donatário ou concessionário do negócio e a política fiscal do estado brasileiro. Quanto à exploração impiedosa da escravidão do seringueiro, temos literatura abundante em nossas universidade. Mas, salvo algumas passagens sobre mineração, pouco se fala sobre a exploração fiscal — assunto dado como irrelevante, sendo, no entanto, a explicação mais contundente para o fracasso brasileiro na produção da borracha (*hévea brasiliensis*) .

A exploração fiscal deveria nos levar a refletir sobre todos os

5

nossos ciclos produtivos: do açúcar ao café, do gado à soja, da mineração à borracha, para descobrir por que nosso PIB encolheu em, no mínimo, 6 trilhões de dólares. E o que se vai demonstrar nas páginas de 'Pró-Patria' é o que foi perdido apenas na cultura da borracha, que nos fez passar da opulência de décadas ao colapso, em apenas 3 anos.

Quem primeiro lançou luz sobre o problema foi Euclydes da Cunha, que em seu 'A Margem da História' revela como se constituía a mão de obra na exploração da *hévea brasiliensis*.

"...*não se conhece na História exemplo mais golpeante de emigração tão anárquica, tão precipitada e tão violadora dos mais vulgares preceitos de aclimamento, quanto o da que desde 1879 até hoje atirou, em sucessivas levas, as populações sertanejas do território entre a Paraíba e o Ceará para aquele recanto da Amazônia. Acompanhando-a, mesmo de relance, põe-se de manifesto que lhe faltou desde o princípio não só a marcha lenta e progressiva das migrações seguras, como os mais ordinários resguardos administrativos.*

O povoamento do Acre é um caso histórico inteiramente fortuito, fora da diretriz do nosso progresso.

Tem um reverso tormentoso que ninguém ignora: as secas periódicas dos nossos sertões do Norte, ocasionando o êxodo em massa das multidões flageladas. Não o determinou uma crise de crescimento, ou excesso de vida desbordante, capaz de reanimar outras paragens, dilatando-se em itinerários que são o diagrama visível da marcha triunfante das raças, mas a escassez da vida e a derrota completa ante as calamidades naturais. As suas linhas baralham-se nos traçados revoltos de uma fuga. Agravou-o sempre uma seleção natural invertida: todos os fracos, todos os inúteis, todos os doentes e todos os sacrificados expelidos a esmo, como o rebotalho das gentes, para o deserto. Quando as grandes secas de 1879-1880, 1889-1890, 1900-1901 flamejavam sobre os sertões adustos, e as cidades do litoral se enchiam em poucas semanas de uma população adventícia de famintos assombrosos, devorados das febres e das bexigas — a preocupação exclusiva dos poderes públicos consistia no libertá-las quanto antes daquelas invasões de bárbaros moribundos que infestavam o Brasil. Abarrotavam-se, às carreiras, os vapores, com aqueles fardos agitantes consignados à morte. Mandavam-nos para a Amazônia — vastíssima, despovoada, quase ignota — o que

6

equivalia à expatriá-los dentro da própria pátria. A multidão marti-
rizada, perdidos todos os direitos, rotos os laços da família, que se
fracionava no tumulto dos embarques acelerados, partia para aque-
las bandas levando uma carta de prego para o desconhecido; e ia,
com os seus famintos, os seus febrentos e os seus variolosos, em con-
dições de malignar e corromper as localidades mais salubres do
mundo. Mas feita a tarefa expurgatória, não se curava mais dela.
Cessava a intervenção governamental. Nunca, até aos nossos dias, a
acompanhou um só agente oficial, ou um médico. Os banidos leva-
vam a missão dolorosíssima e única de desaparecerem...

E não desapareceram. Ao contrário, em menos de trin-
ta anos, o Estado que era uma vaga expressão geográfica, um deser-
to empantanado, a estirar-se, sem lindes, para sudoeste, definiu-se
de chofre, avantajando-se aos primeiros pontos do nosso desenvolvi-
mento econômico.

A sua capital — uma cidade de dez anos sobre uma ta-
pera de dois séculos — transformou-se na metrópole da maior nave-
gação fluvial da América do Sul. E naquele extremo sudoeste ama-
zônico, quase misterioso, onde um homem admirável, William
Chandless, penetrara 3.200 quilômetros sem lhe encontrar o fim —
cem mil sertanejos, ou cem mil ressuscitados, apareciam inespera-
damente e repatriavam-se de um modo original e heroico: dilatando
a pátria até aos terrenos novos que tinham desvendado.

Abram-se os últimos relatórios das prefeituras do Acre.
Nas suas páginas maravilha-nos mais do que as transformações sem
par que ali se verificam, o absoluto abandono e o completo relaxo
com que ainda se efetua o seu povoamento. Hoje, como há trinta
anos, mesmo fora das aperturas e dos tumultos das secas, os imi-
grantes avançam sem o mínimo resguardo, ou assistência oficial.

No entanto, as populações transplantadas se fixam,
vinculadas ao solo; o progresso demográfico é surpreendente — e
das cabeceiras do Juruá à confluência do Abunã alonga-se, cada
vez mais procurada, a terra da promissão do Norte do Brasil. (p. 20-
21)

Este é o primeiro relato da migração humana massiva para a
exploração da borracha. Ainda mais desorganizado que o fluxo mi-
gratório europeu, onde também a assistência falhava e os recursos de
infraestrutura sequer existiam, a implantação no meio da selva de

contingentes esfomeados era feita nas seguintes condições:

Repitamos: o sertanejo emigrante realiza, ali, uma anomalia sobre a qual nunca é demasiado insistir: é o homem que trabalha para escravizar-se.

Enquanto o colono italiano se desloca de Gênova à mais remota fazenda de S. Paulo, paternalmente assistido pelos nossos poderes públicos, o cearense efetua, à sua custa e de todo em todo desamparado, uma viagem mais difícil, em que os adiantamentos feitos pelos contratadores insaciáveis, inçados de parcelas fantásticas e de preços inauditos, o transformam as mais das vezes em devedor para sempre insolvente. (p. 21)

Euclydes está sendo condescendente com os imigrantes europeus. Sabemos que as condições foram extremamente adversas, não só em recursos, como em todo o conjunto da organização, obrigando os próprios imigrantes a traçar estradas, construir pontes e improvisar barracos. Os primeiros anos foram duros e exigiram dedicação para vencer a natureza, corrigir a terra, sobreviver às intempéries, superar obstáculos desconhecidos à toda hora. Mas, no Acre, o aprisionamento do homem à terra era feito pelos concessionários de imensas glebas, chamados seringalistas, que forneciam os créditos ao migrante nordestino como nos conta Euclydes.

No próprio dia em que parte do Ceará, o seringueiro principia a dever: deve a passagem de proa até ao Pará (35$000), e o dinheiro que recebeu para preparar-se (150$000). Depois vem a importância do transporte, numa gaiola qualquer, de Belém ao barracão longínquo a que se destina, e que é, na média, de 150$000. Aditem-se cerca de 800$000 para os seguintes utensílios invariáveis: um boião de furo, uma bacia, mil tigelinhas, uma machadinha de ferro, um machado, um terçado, um rifle (carabina Winchester) e duzentas balas, dois pratos, duas colheres, duas xícaras, duas panelas, uma cafeteira, dois carretéis de linha e um agulheiro. Nada mais. Aí temos o nosso homem no barracão senhorial, antes de seguir para a barraca, no centro, que o patrão lhe designará. Ainda é um brabo, isto é, ainda não aprendeu o corte da madeira e já deve 1:135$000. Segue para o posto solitário encalçado de um comboio levando-lhe a bagagem e víveres, rigorosamente marcados, que lhe bastem para três meses: 3 paneiros de farinha d'água, 1 saco de fei-

8

jão, outro, pequeno, de sal, 20 quilos de arroz, 30 de charque, 21 de café, 30 de açúcar, 6 latas de banha, 8 libras de fumo e 20 gramas de quinino. Tudo isto lhe custa cerca de 750$000. Ainda não deu um talho de machadinha, ainda é o brabo canhestro, de quem chasqueia o manso experimentado, e já tem o compromisso sério de 2:090$000.

Admitamos agora uma série de condições favoráveis, que jamais concorrem: a) que seja solteiro; b) que chegue à barraca em maio, quando começa o corte; c) que não adoeça e seja conduzido ao barracão, subordinado a uma despesa de 10$000 diários; d) que nada compre além daqueles víveres — e que seja sóbrio, tenaz, incorruptível; um estoico firmemente lançado no caminho da fortuna arrostando uma penitência dolorosa e longa. Vamos além — admitamos que, malgrado a sua inexperiência, consiga tirar logo 350 quilos de borracha fina e 100 de sernambi [a borracha de segunda classe, obtida quando o látex coalha antes de ser curado], por ano, o que é difícil, ao menos no Purus.

Pois bem, ultimada a safra, este tenaz, este estoico, este indivíduo raro ali, ainda deve. O patrão é, conforme o contrato mais geral, quem lhe diz o preço da fazenda e lhe escritura as contas. Os 350 quilos remunerados hoje a 5$000 rendem-lhe 1:750$000; os 100 de sernambi, a 2$500, 250$000. Total 2:000$000.

É ainda devedor e raro deixa de o ser. No ano seguinte já é manso: conhece os segredos do serviço e pode tirar de 600 a 700 quilos. Mas considere-se que permaneceu inativo durante todo o período da enchente, de novembro a maio — sete meses em que a simples subsistência lhe acarreta um excesso superior ao duplo do que trouxe em víveres, ou seja, em números redondos, 1:500$000 — admitindo-se ainda que não precise renovar uma só peça de ferramenta ou de roupa e que não teve a mais passageira enfermidade. É evidente que, mesmo neste caso especialíssimo, raro é o seringueiro capaz de emancipar-se pela fortuna.

Agora vede o quadro real. Aquele tipo de lutador é excepcional. O homem de ordinário leva àqueles lugares a imprevidência característica da nossa raça; muitas vezes carrega a família, que lhe multiplica os encargos; e quase sempre adoece, mercê da incontinência generalizada.

Adicionai a isto o desastroso contrato unilateral, que

9

*lhe impõe o patrão. Os "regulamentos" dos seringais são a este pro-
pósito dolorosamente expressivos. Lendo-os, vê-se o renascer de um
feudalismo acalcanhado e bronco. O patrão inflexível decreta, num
emperramento gramatical estupendo, coisas assombrosas.*

*Por exemplo: a pesada multa de 100$000 comina-se a
estes crimes abomináveis: a) "fazer na árvore um corte inferior ao
gume do machado"; b) "levantar o tampo da madeira na ocasião de
ser cortada"; c) "sangrar com machadinhas de cabo maior de quatro palmos". Além disto o trabalhador só pode comprar no armazém
do barracão, "não podendo comprar a qualquer outro, sob pena de
passar pela multa de 50% sobre a importância comprada".*

*.... É natural que ao fim de alguns anos o freguês este-
ja irremediavelmente perdido. A sua dívida avulta ameaçadoramen-
te: três, quatro, cinco, dez contos, às vezes, que não pagará nunca.*

*Queda, então, na mórbida impassibilidade de um felá
desprotegido dobrando toda a cerviz à servidão completa. O "regu-
lamento" é impiedoso: "Qualquer freguês ou aviado não poderá re-
tirar- se sem que liquide todas as suas transações comerciais..." Fugir? Nem cuida em tal. Aterra-o o desmarcado da distância a percorrer. Buscar outro barracão? Há entre os patrões acordo de não
aceitarem uns os empregados de outros antes de saldadas as dívidas,
e ainda há pouco tempo houve no Acre numerosa reunião para siste-
matizar-se essa aliança, criando-se pesadas multas aos patrões re-
calcitrantes.*

*Agora, dizei-me, que resta no fim de um quinquênio do
aventuroso sertanejo que demanda aquelas paragens, ferretoado da
ânsia de riquezas?*

*Não o ligam sequer à terra. Um artigo do famoso "Re-
gulamento" torna-o eterno hóspede dentro da própria casa. Citemo-
lo com todo o brutesco de sua expressão imbecil e feroz: "Todas as
benfeitorias que o liquidado tiver feito nesta propriedade perderá totalmente o direito uma vez que retire-se."*

*Daí o quadro doloroso que patenteiam, de ordinário,
as pequenas barracas. O viajante procura-as e mal descobre, entre
as sororocas, a estreitíssima trilha que conduz à vivenda, meio afo-
gada no mato. É que o morador não despende o mais ligeiro esforço
em melhorar o sítio de onde pode ser expelido em uma hora, sem direito à reclamação mais breve." (p. 8-9)*

Este é o quadro completo da mão de obra e dos custos da exploração da borracha no Brasil entre 1827-1912. Enquanto isso, os ingleses descobrem que a planta nativa do Brasil (*hévea brasiliensis*) seria mais barata se a plantassem em outro lugar, como na Malásia. Mas, como uma nação, como a Inglaterra, que inventou a divisão do trabalho e a remuneração assalariada, poderia competir com um país onde a borracha era extraída na base do trabalho escravo do seringueiro?

Neste ponto entra Carlos de Vasconcelos com seu Pró-Pátria para irrigar a nossa história econômica: os custos da borracha brasileira na Bolsa de Londres tornaram-se, no início do século XX, mais altos do que os custos da borracha da Malásia, transportada de uma distância maior, de menor qualidade elástica, mais pura e de maior qualidade. Diga-se de passagem que a *hileia* apresenta variações de região para região: a do Amazonas é diferente da *hileia* do Peru (caucho); a do Acre foi considerada a melhor do mundo em elasticidade, apesar de perder 9% da água; a *hileia* cultivada pelos belgas na África (Congo), tinha coloração avermelhada, sendo por isso conhecida como "*red rubber*".

Mas quem foram os vilões que colocaram a perder uma riqueza nativa que se chegava a 300 milhões de árvores produtoras no Brasil? Evidentemente, que o leitor destas linhas já ouviu falar dos *rendez-vous* de Manaus, e desconheço cronista que não tenha especial prazer em falar da *Petit Paris* dos trópicos. Mas ninguém fala dos maiores proxenetas de todos os tempos, seguramente por estar tão habituado com sua onipresença na vida nacional, que nem sequer desconfia.

O leitor talvez não esteja acostumado a importar produtos pela Internet. No Brasil, em pleno século XXI, a um produto importado que custe 100, aplica-se o ICMs de 18%, saltando para 118. Depois, aplica-se a tarifa de importação de 60%, obrigando o comprador a pagar 70,08 para a aduana, isto é, 70% efetivos sobre sua compra com imposto sobre imposto (cascata).

O mesmo aconteceu com a exportação da *hileia:* numa escalada voraginosa de sobretributação, cobrava-se um tributo entre 23% e 40%, que era distribuído entre as prefeituras, os governos dos estados e o governo federal. Isto significa que o imposto era regiamente

11

apropriado pela classe política, de cuja abundância se permitiam os luxos ostentatórios da época, compartilhados com os seringalistas. Mas, como se verá, havia ainda outros tributos, que ao final inviabilizaram a produção. Caso espetacular a ser citado em nossas salas de aulas — se o país tivesse se encontrado consigo mesmo e não vivesse sob a alienação do vitimismo —, como exemplo em que tributação produz miséria, em vez de progresso.

Como o governo inglês cobrava a tarifa de 6% sobre a exportação de sua borracha da Malásia, o leitor pode entender facilmente as causas pelas quais o Brasil perdeu o que tinha de mais valioso do ponto de vista de sua exclusividade econômica à época.

E como a ditadura fiscal nunca foi demolida, e age incontrolável e independentemente sobre a nação como se fosse um poder separado, o ciclo que poderia ter permitido o desenvolvimento de uma infraestrutura espetacular, o nascimento de grandes cidades, a construção de portos, escolas, hospitais, murchou repentinamente em 1912, quatro anos depois da edição de Pró-Pátria, e nunca mais se recuperou totalmente, porque ninguém muda a estrutura tributária moldada para manter a oligarquia política que durante 500 anos manda e desmanda no país.

Para se ter uma ideia do descalabro tributário, de acordo com IBPT (Instituto Brasileiro de Planejamento Tributário), em 25 anos (1988-2013) foram editadas 309,1 mil normas tributárias, uma média de 31 por dia nos três níveis de governança do país.

Evidentemente que o colapso do ciclo amazônico da borracha foi brutal. A oligarquia de concessionários da borracha, mesmo baixando os preços, não conseguiria ombrear a concorrência inglesa na Malásia, e o ciclo repentinamente coloca o Brasil no lugar marginal que vem ocupando no âmbito das nações, a despeito de sua capacidade de liderança.

O que fica para ser calculado é o quanto perdemos em riqueza. Se no futuro alguém examinar as tabelas de produção da borracha natural, talvez possa transformar em cifra toda a produção de um século: eis aí uma pista para calcular o que seria nosso PIB se não fossem nossas instituições totalmente refratárias ao capitalismo clássico. Por exemplo, em 2012, a produção mundial da borracha natural foi de 11 milhões de toneladas, das quais o Brasil IMPORTOU da Malásia 22.600 toneladas (ver International Rubber Study Group).

O primeiro ciclo da borracha foi perdido para a República, não para os ingleses. Nossa incapacidade material foi também uma incapacidade moral da República se apresentar com um modelo diferenciado do Império. Outros ciclos igualmente fracassados haveriam de ocorrer no século XX: em 1927, com a Fordlândia, e, nos anos 40, com Getúlio Vargas. Presentemente, estamos cultivando a *hileia* como uma atividade do agronegócio com plantações planejadas, embora modestas. Mas, agora os tempos são outros, e os métodos também. Só permanece o fardo abusivo, asfixiante e inelástico dos impostos.

No século XIX, o ciclo da borracha evoluiu do escravagismo já decantado do nosso modelo de organização social, em que o índio era capturado para servir aos colonizadores dos pequenos povoados, durante a grande conquista do território amazônico nos séculos precedentes.

A borracha era conhecida como um fármaco pelos índios, que a utilizavam para curar feridas e eliminar o minicarrapato chamado mucuim que se alojava na pele causando uma coceira desesperadora. A partir do século XVIII, passou a ser estudada em todo mundo pelos relatos de viajantes como La Condamine. Lentamente se descobriram suas propriedades químico-físicas e sua utilização industrial, em um mundo onde a revolução industrial já dava sinais de modificar as relações sociais completamente.

Passando pelo Brasil em 1847, bem antes do ciclo frenético da borracha, Paul Marcoy (Viagem pelo Rio Amazonas) já fala de sua extração na região do Pará, onde fazendeiros exploravam a selva com uma população indígena escravizada. Marcoy conta que próximo a Belém (Breves), ao avistar 3 barcos, se aproximou com sua chalupa e seus homens, e entabularam conversação.

Eram "tapuias de hábitos um tanto boêmios; eram se-ringueiros à procura de matas propícias a sua atividade. Modestos coletores do suco leitoso da hévea guianenses, que os antigos Oma-guas chamavam cahechu [denominação antiga ainda para a *hévea brasiliensis* e para o caucho dos peruanos e bolivianos], *vagavam de um canal a outro carregando seus machados e seus*

13

moldes de barro cozido, parando por um mês ou dois nos lugares onde o Ficus era mais abundante. Ao nos separarmos, eles contaram que a concorrência havia a tal ponto prejudicado o seu negócio que eles não conseguiam sequer ganhar o necessário para matar a fome. A maioria deles sofria de uma fome crônica que durava anos....

A história daqueles seringueiros era a mesma de todos os trabalhadores daquele tipo, expulsos pela concorrência das ilhas do baixo Amazonas onde a borracha, ou seringa, é beneficiada para exportação em grande escala. A região de canais onde estes párias do trabalho haviam encontrado refúgio oferecia porém magras recompensas. Eles tinham que procurar muito até encontrar as árvores lactíferas, e quando as encontravam tinham que fatigar muito para transformar o produto em comida e roupa e para amortizar o custo dos seus barcos. Passados seis meses de trabalho, e depois de despachar a borracha para Belém, eles regressavam à floresta tão pobres com a haviam deixado". (p. 263-264)

Isto entre 1847-48!!! Mas, no baixo amazonas, as matas não são pródigas em frutos como no alto amazonas, e nem em animais, onde a caça já tinha expulsado as principais espécies para as profundidades da selva, produzindo uma carência alimentar que os conduzia à fome coletiva. E Paul Marcoy conclui assim sua observação sobre o paradoxo:

"Causa um senso de irritação esta perversa natureza que ostenta uma luxuriante beleza desprovida de sentido e ao mesmo tempo recusa ao homem a satisfação de suas necessidades mais elementares. Todas estas plagas são testemunhas de cenas que seriam cômicas se não fossem trágicas".

Quase vinte anos depois (1865-1866), em missão oficial ao Brasil, diretamente de Harvard, Louis Agassiz haveria de ficar um ano inteiro na região amazônica pesquisando a ictiologia e nossa botânica, além de fazer anotações sobre a formação geológica da região. Apesar das limitações que um visitante se impõe quando transita entre as altas autoridades do Império, suas memórias não eram menos acutiladas do que a dos demais viajantes e narradores do universo amazônico.

"Duas coisas impressionam vivamente o viajante no

alto Amazonas. Logo à primeira vista se percebe quanto é urgente a necessidade duma população mais numerosa; em seguida se sente a necessidade duma mais alta moralidade por parte dos brancos. Enquanto tais condições não forem satisfeitas, será bem difícil desenvolver os recursos desta região. Para se chegar a esse resultado, é extremamente importante abolir todo entrave à livre navegação do Amazonas e seus tributários; é preciso abrir essas grandes vias fluviais à ambição e à concorrência de todos os povos. Não somente a população branca é muito escassa para suprir a tarefa que tem diante de si, como essa população não é menos pobre em qualidade do que reduzida em quantidade. Ela apresenta o singular fenômeno duma raça superior recebendo o cunho duma raça inferior, duma classe civilizada adotando os hábitos e rebaixando-se ao nível dos selvagens. Nas povoações do Solimões, as pessoas que são consideradas como da aristocracia local, a aristocracia branca, exploram a ignorância do índio, ludibriam-no e embrutecem-no, mas tomam não obstante os seus hábitos e, como ele, sentam-se no chão e comem com as mãos. É em vão que a lei veio sempre proibindo reduzir o índio à escravidão; iludem-na na prática e instituem uma servidão que põe essa pobre gente numa dependência do senhor tão absoluta como se houvesse sido comprada ou vendida. O branco toma o índio ao seu serviço, mediante um certo salário, e promete-lhe ao mesmo tempo prover à sua alimentação e vestimenta até que perceba o suficiente para se suprir a si mesmo. O resultado, no final das contas, é todo em proveito do que contrata. Quando o índio vem receber seu salário, respondem-lhe que já deve ao senhor a soma dos adiantamentos por este feito. Em lugar de poder exigir dinheiro, ele deve trabalho. Os índios, mesmo os que vivem nas vilas e povoados, são singularmente ignorantes sobre o valor das coisas; deixam-se enganar a um ponto tal que ultrapassa o acreditável e permanecem presos toda a sua vida ao serviço dum homem, ingenuamente persuadidos de que têm uma grande dívida a pagar quando, de fato, eles é que são credores. Além dessa escravidão virtual, existe um verdadeiro comércio de índios. As autoridades bem que fazem para se opor a ele, mas são impotentes. Uma classe mais moralizada de emigrantes tornaria impossível esse tráfico. Os norte-americanos e os ingleses poderão ser bastante sórdidos em suas transações com os naturais do país; o tráfico das "peles azuis" não lhes deixou certamente as mãos limpas, mas não se quereriam degradar ao nível dos índios

15

como o fazem os portugueses; não se abaixariam a adotar-lhes os costumes."

A posição favorável à livre navegação do Amazonas era uma reivindicação política defendida pelo então jovem deputado Tavares Bastos, com quem Agassiz se encontrara em Manaus, como forma de incrementar o desenvolvimento da região, conforme se lê em seu livro 'O Vale do Amazonas', de 1866. De fato, em dezembro daquele ano, o Imperador já assinava decreto, promulgado em 7 de setembro do ano seguinte. Tavares Bastos, 40 anos antes de Euclydes, já apontava:

> *A legislação em vigor sobre os índios, sua catequese e aldeamento, propunha-se um fim proveitoso: regularizar o trabalho; mas produziu o que se não devia esperar, a espoliação do índio. O diretor* [seringalista ou barão da borracha] *de índios é o seu ladrão oficial. A portaria de nomeação de diretor, dizia-me um antigo navegante do Solimões, é uma carta de crédito; com ela o novo diretor apresenta-se ao negociante da cidade, pede um abono de mercadorias, sob promessa do pagar com o produto do trabalho dos índios, que colhem a borracha, a salsa, a castanha, e recebem do diretor uma insignificante parcela das mercadorias abonadas. O índio não percebe salário em dinheiro: a permuta de gêneros é o meio de roubá-los.*
>
> *"Nas minhas longas peregrinações pelos afluentes do Amazonas, acrescentava o mesmo informante, convenci-me de que o diretor de índios não presta serviço ao público, nem ao menos fornece remeiros aos navegantes, que careçam; quando eu precisava de índios, entendia-me pessoalmente com estes, e nunca faltam eles a quem os alimenta bem e lhes paga em dia."*
>
> *Ora os aldeamentos não prosperam. São estacionários ou decadentes. Não valerá mais restituí-los ao direito comum, ao regime das autoridades civis? O relatório do presidente do Pará, o Sr. Couto de Magalhães (1864, p. 12), fulminando severamente os abusos dos diretores, propunha que sejam abolidos e dizia que essas autoridades sujeitam os míseros índios a uma verdadeira servidão; que a presidência recebe repetidas queixas contra eles; que a ação do Estado a respeito dos índios se deve limitar a punir os crimes contra eles cometidos. No mesmo ano, em seu relatório (p. 37), o presidente*

do Alto Amazonas, o Sr. Adolpho de Barros, dizia que seria benefício para o índio libertá-lo dos diretores, que denomina perseguidores oficiais; e acrescentava estas palavras: "Não conta o índio por via de regra inimigo mais desapiedado, nem mais rápido, do que esses titulados tenente-coronéis (os mesmos diretores); e as cruezas, abusos, e despotismo exercidos por eles, são muito mais fatais à obra da catequese e civilização, por que partem da autoridade e realizam-se em nome dela." Concluía o digno presidente asseverando que não preencheria as vagas de diretor de índios, que fossem ocorrendo. Na carta do Sr. bispo, já citada, diz o ilustre prelado: "Os melhores diretores parciais (raríssimos se contam destes) são os que negligenciam as obrigações do seu cargo e não se importam absolutamente com os índios. Os demais não se hão de chamar diretores, Sr. Ministro, senão senhores de índios, e que senhores! Não quero contristar o ânimo de V. Exa. com relatar-lhe as atrocidades, os despotismos, as injustiças clamorosas praticadas por esses funcionários em nome e sob a égide do Governo... Anda o triste do índio afugentado, oprimido, despojado, escravizado, como nos tempos da conquista, e até em certos lugares vendido meio às escondidas, como mercadoria de contrabando. Tenho testemunhado eu mesmo estes fatos e inda mal, que se explicam mui naturalmente! Não oferecem em geral os pretensos diretores garantias suficientes para cargo de tal porte. As simples honras de tenente-coronel com que os galardoa o governo, não são suficientes para decidir homens sisudos, inteligentes, de abonada reputação e probidade a renunciarem aos cômodos da civilização para irem por aqueles imensos desertos viver com índios boçais."

...Muitos entendem que, abolidas as diretorias já condenadas pela experiência, não é tempo ainda de libertar os índios da tutela tradicional, que não é oportuno estender-lhes o regime civil comum, que antes cumpre retroceder ao sistema colonial, confiar os indígenas à catequese do clero, organizar como outrora as missões dos índios e a redução do gentio, e que isto se deve fazer em uma vasta escala, sob a direção dos bispos, às expensas e com a proteção do Estado. Um recente aviso do Sr. ministro das obras públicas autorizou a presidência do Amazonas a suprimir os diretores parciais de índios, e ordenou que a direção moral e material dos mesmos fosse incumbida aos missionários, sem tornar este serviço dependente imediatamente do bispo. Confesso que muito confio no zelo apostóli-

co do digno prelado do Pará, caráter enérgico e homem de fé viva; mas não creio em tal sistema. O regime militar dos diretores atuais sucedeu as antigas missões dos padres, que se desacreditaram e às vezes embaraçavam a autoridade civil; em relação a elas, o regime das diretorias foi um progresso. Nos Estados Unidos e na República Argentina, onde os índios ainda vivem em tribos, não é o governo, nem é pelo auxílio do governo que a catequese se faz; ninguém acredita nesses países que possa um sacerdote ensinar agricultura e ensaiar nas indústrias a um indígena; apela-se para a ação do tempo e para a prática com a gente civilizada, que lentamente transformará senão os índios atuais, ao menos os seus descendentes. Que a igreja, porém, pregue e exerça a catequese, nada impede; é o seu direito: mas não construamos sobre essa catequese uma esperança vã, não a reputemos medida administrativa, nem escola profissional. (p. 358-362)

Curiosamente, o jovem deputado Tavares Bastos observa com acuidade o problema da produção do lado do barão da borracha. E quanto ao problema da tributação? Será que ele consegue o distanciamento do próprio meio para pôr o dedo na moleira de nosso sistema político?

A borracha paga na província do Pará, pelo desembarque em Belém 8%; pela saída 5%; imposto municipal do distrito produtor 3%; total, 16%. Reunindo o imposto geral (exportação) de 7%, o total dos direitos sobre esse artigo sobe 23%

Ficam portanto conhecidos os beneficiários enriquecidos com o trabalho escravo. É verdade que as cidades de Belém e Manaus se modernizaram com este dinheiro. Mas, como sempre, esta é a menor parte do bolo. Os concessionários dos portos, governadores e prefeitos, ficaram com a maior parte, inclusive as instâncias superiores da República às quais cabia o imposto de exportação. Isso dificulta a reforma do sistema tributário devido à divisão da riqueza por todo o sistema político. Para que o Brasil pudesse "pensar" um modelo de exploração da *hileia* para todo o século XX, como monopolizador da matéria-prima, teria que ter preços que não permitissem a concorrência internacional. E os meandros, a cultura escravagista, os números e as particularidades do assunto é o que Carlos de Vasconcelos descobre e apresenta neste opúsculo. E mais, suas palavras de advertência antecederam em 4 anos a crise que viria a por um fim no nosso primeiro ciclo de exploração do látex.

Cumpre, por fim, assinalar que o fracasso da borracha não é diferente dos demais fracassos que assolam a Amazônia: a falta de título de propriedade. O modelo de concessão de terras para exploração, pelo qual o seringueiro entrava com a mão de obra, e o barão com o direito de exploração não funciona senão no modelo que foi implantado. A cultura extrativista, tanto quanto a cultura depredatória da queima da mata para a produção de pastagens para a criação de gado, está associada com a insegurança do título de propriedade, uma instituição cartorial calamitosa que vem segurando o capitalismo rural desde sempre. Quando não se tem certeza nem segurança sobre a propriedade, é preciso estar preparado para a mudança, e o gado é esta cultura móvel que permite a ciganagem rural, muitas vezes confundida com a expertise do produtor.

O Brasil poderá retomar o cultivo da *hileia* e se tornar novamente exportador, bastando para isso que o cultivo se caracterize como uma atividade do agronegócio, nos moldes das demais explorações florestais. Sabemos que, desde 1992, começamos a cultivar a seringueira, mas ainda existe a necessidade de novas técnicas para que o passado seja deixado para trás e possamos voltar a ter os benefícios de nossa própria natureza. O livro de Carlos de Vasconcelos tem a singular importância de nos apontar os erros que se eternizaram ao longo do século XX. Sem conhecê-los, não sairemos da crise que nos acomete como uma doença incurável.

Carlos U Pozzobon - 04/04/2014

CARTA ABERTA

Ao Exmo. Sr. Dr.

MIGUEL CALMON DU PIN E ALMEIDA

Secretário de Estado dos Negócios da Indústria, Viação e Obras Públicas

NA REPÚBLICA DOS ESTADOS UNIDOS DO BRASIL

PALAVRA EXORDIAL

Esta carta, escrita meses atrás, de um fôlego, sob a impressão de um grande constrangimento, não brota de preocupação literária e nem trai um prurido pelo sucesso vermelho — antes, revela nos mais leves resquícios, o sincero objetivo de contribuir, pela exaltação da Verdade, com uma eficiente parcela de beneficiamento para a Pátria. Outro não é o seu alvo.

Sua causticidade dói-me deveras e faz sangrar mais do que a ninguém, como ostensivo jacobino que não me coro de o alardear, mormente quando, tendo-a repudiado para empreender uma precipitada viagem ao Brasil, num desejo e esforço supremo por contraditá-la, vim, ao revés, julgá-la por demais benévola...

Considero um dever enviá-la ao seu destinatário, tal como concebida e acabada! Contudo, por motivo do retardamento, alguns de seus tópicos ressentem-se de retoques, outros de amplificação, acordes com fatos correlativos vindos à baila posteriormente à data de origem, que lhe conservo.

As tonalidades intensas e os sugestivos traços-de-força imprimidos aos quadros analisados, especialmente a esses que mais me feriram a retina, após o retorno ao estrangeiro, convencido e empol-

20

gado, a melhor, pelo horror da desidiosa indiferença votada aos relevantes interesses do país, por esses que o tem desgovernado, trazem o peso de uma indestrutível convicção e o sabor de uma tremenda injustiça sofrida.

Veja-se-lhe na singeleza de cada expressão, falha de aticismos e grandiloquência, o amargo experimentado por um brasileiro que, depois de ter estudado as condições de vida e desenvolvimento dos Estados Unidos da América, os sistemas praticados e as garantias gozadas na Europa, mesmo nas mais reles aldeias, chegara à conclusão de ser-lhe o território natal, ao invés de inferior, sobejamente equivalente ao daquela mirífica República — mas também sentira a bruteza de um esmagamento com reconhecer estarmos-lhe à longínqua distância, em intensidade de progresso, como em absoluto antagonismo com os países desta, no tocante às instituições e ao grau de civilização.

Apreendam-se flagrantes, no estilo sem rebuços, as mostras do civismo de externar o que é pensado — e nos assomos da indignação e da revolta, mal premidos, a condenação dos algozes e coveiros da Pátria idolatrada!

E fazendo-lhe justiça ao convencimento de que, da dissecção de fatos provados, salutares efeitos podem surtir em prol da coletividade, arrancando-a do letargo remoto, ter-se-á rendido ao autor a exclusiva homenagem desejada.

Cabe, todavia, ao leitor, o *veridictum*...

C.V.

21

SUMÁRIO

Promessa de emancipação da mocidade do Brasil. — Responsabilidades que lhe cabem nos destinos da República. — Necessidade de capitais e processos estrangeiros. — Ab-rogação dos impostos egoístas. — O problema da borracha ante a ameaça do cultivo no Oriente. — O Brasil no estrangeiro.—Seus corpos legislativos. — A herança dos avoengos. — A verdadeira propaganda prática. — Insensatez de projetos ocos. — Valorização do café e seus efeitos. — Diplomacia brasileira na Europa. — Ministério do Exterior no Brasil. — Erros das estradas de ferro.— Seleção de imigrantes. — A ignorância do povo e o fanatismo religioso.— A prática do catolicismo como entrave do progresso indígena.— A hipocrisia nacional na manutenção da Legação junto ao Vaticano.— Os efeitos do ensino religioso.— A fraqueza mental e física do povo.— O banditismo dos sertões às cidades. — Falta de garantia individual e de policiamento; ordem e justiça inexistentes. — A anarquia do Júri. — O caso das raças, o hibridismo preponderante e a criminalidade a este inata. —Desídias na legislação do casamento civil. — *Filhotismo* e *politiquice*. — A nulidade triunfante. — Erros da Diplomacia, desde o Império.— Necessidade da expansão ao Pacífico.— O programa do atual gestor da Viação. — Os *Paxecos* da engenharia indígena.— Uma estrada necessária e urgente. — Sugestões várias à reforma dos métodos em prática.

*****

22

Senhor:

Permita V. Exa. que o modesto colega venha, de bem longe, trazer-lhe com desinteressada e expressiva sinceridade, entusiásticos aplausos despertados pela leitura da introdução ao primeiro Relatório por V. Exa. apresentado, na qualidade de gestor da pasta da Viação, ao Exmo. Sr. Presidente da República.

É com desregrado contentamento que vejo aniquilar-se, entre nós, o carrancismo arbitrário de carecer de confiança quem se deixa estampar na fronte as estrias eloquentes de boa dúzia de lustros, apenas se impondo a uma incondicional, senão quase fetichista veneração, os portadores de barbas hirsutas e olhares baços.

Despertam-me hoje os moços patrícios uma viva fé e crescente confiança, à proporção que encargos de alta responsabilidade lhes são entregues e por eles vão sendo ocupados com sabedoria e engenho aplausíveis, numa plenitude de mostras da mais eficaz hermenêutica, revelando-se, desde os primeiros atos, muito além da mais lisonjeira expectativa.

A pasta a V. Exa. confiada é exuberante atestado dessa mutação ora por mim notada no espírito crítico indígena. Do novo cenário irrompe alvissareira a minha alegria de brasileiro leal, empenhado com fervor pelo raro êxito de todos os movimentos de boa direção imprimidos à Pátria, com os visos nobres de fazê-la crescer, prosperar e glorificar-se — júbilo esse tanto melhor saboreado, quanto mais repetidos se me afiguram os ensejos de evidenciar-lhes os maravilhosos resultados, já em presente obtidos... O contentamento desenvolve-se em larga progressão, integra-se e compele-me a fazer da palavra escrita o seu arauto.

Está em primeiro plano, a entrega a V. Exa. por parte do Sr. Dr. Afonso Pena, do mais importante ramo da administração atual da República, em atinência da atividade intensa que se lhe impõe ao gestor e das grandes responsabilidades que lhe pesam — máxime quando o Brasil destes dias, além de país novo, descurado, até ao penúltimo período presidencial, das medidas vitais de povoamento e viação, é estupendamente colossal para sobrecarregar de estrênuo trabalho a quem, na espécie, lhe lance vistas, sequer ao *correr dos olhos*; em segundo, a loira seara que promete derivar-se da germinação das boas sementes, com todos os característicos de uma frutescência ubérrima, vai atraindo para V. Exa. os aplausos mais espontâneos e desinteressados, crescentes à medida que se lhes avantajam as proporções da colheita.

Na representação oficial do Ministério da Indústria e Viação depara-se-me o conciso programa de V. Exa. em respeito à trajetória a imprimir ao Brasil vagaroso, segnício, num rasgo de perspectivas mais consentâneas com os seus vaticinados desígnios e numa tenacidade de esforços pela mais pronta execução das medidas concebidas.

Tais ideias sugerem considerações ao extremo modestas, mas que o ardor de republicano abraçado à compenetração da responsabilidade lançada às espaldas dos brasileiros jovens, de modo nenhum permite calar, explícito o dever de trazê-las a público em tons indissimulados.

Veja-se nestas palavras a grandeza de uma convicção criteriosa à saciedade, por todos os compatrícios devida sentir e praticar, ostensiva e severa, sem uma nota de temor, sem uma mostra de arrefecimento! Analise-se ao influxo da boa razão e nem por um instante se lhe anteponha o mais delgado prisma, capaz de induzir a atribuir-se-lhe traços de superna presunção...

Se a República, tal como a queremos e se a sonhou, embora se o não tenha praticado, é o governo do povo pelo povo, tanto lhe cabe aos dirigentes a plena justificativa dos atos oficiais, como incumbe ao cidadão — diferencial do *regímen* e alma das massas — o sugerir ou lhes combater ideias, pedir a toda a hierarquia administrativa a explanação minudente das medidas mandadas executar, o porquê das mais comezinhas resoluções postas em vigor.

A sabedoria do *regímen* não aceita a autocracia de ideias ao mando do querer de ferro, nem admite a escravização do pensamento jurisdicionado, com a privança dos fogos de argumentos e a detença de insinuações aos maiores castigos.

Admitido o mal, em qualquer esfera de ação, a palavra clara, sem ambages sacrificadoras de sua nitidez e profundeza de verdade, é sem dúvida nenhuma o melhor elemento a opôr-lhe, a mais nobre arma a brandir, somente devido o projétil ser aproveitado quando os ouvidos se cerrem e insolentes desafiem o estampido...

É neste caso que o *similia similibus curantur* encontra arras de ensejo, impondo-se obrigatório e imediato. Assim, o cidadão republicano é, escudado nos mesmos princípios e à sombra de idênticos sentimentos de justiça, o rigoroso juiz dos chefes do país, como a lei o é seu!

Daí o dever nobilitante de, não consentindo no enjaulamento da ideia benfazeja, trazê-la ao anfiteatro da nação como uma outra Frinéia estonteante, em plena nudez; e, por outro lado, como um *shrapnel* exibi-la com todo um fragor de metais partidos ou como um hino de vívidas notas triunfais, para destarte açoitar a razão dos responsáveis legais, forçando-os à desistência de intentos levianos, ou provadamente maus, ou para os exortar a prosseguirem num caminho de próspera ascendência e melhoramento.

Assim pensando, é compenetrado cooperar pelo bem integrado, na qualidade de cidadão brasileiro ausente, sem haver transcendido as prerrogativas constitucionais e ao dever de vigiar os atos todos da República, mergulhando-lhes no báratro profundo, que ora venho à fala, no propósito de revelar o que penso e sei, tenho visto e antevejo em respeito aos interesses e destinos nacionais.

Franqueia-me oportunidade à árdua missão o trabalho de V. Exa. ao chefe do Executivo.

Já a monografia de V. Exa. concebida sob a forma de parecer ao projeto do Deputado Passos de Miranda, sobre o beneficiamento da borracha, publicada no *Jornal do Comércio* de 10 de Novembro de 1905, apesar de uns tantos senões originários da falta de absoluta precisão das informações locais — de que V. Exa. carecia por desconhecer de viso a região amazônica — me oferecera o ensejo de ajuizar da variada cultura de V. Exa. no tocante aos assuntos agrícolas — fruto bem sazonado de uma ciência nitidamente revelada através de metódica exposição.

Agora, o trabalho a que me reporto vem confirmar essa aptidão administrativa por mim atribuída a V. Exa. ao serviço de um poder de receptividade imediata. O assenhoreamento do *facies* geral das carências do país prova-o com clareza.

Isso é tanto mais digno de menção quanto é assaz reduzida a idade de V. Exa. de quem se pode dizer haver saído da Escola para as Índias Orientais e de torna-viagem para o Ministério, com menos de seis lustros.

*****

Promover adequadamente a introdução de braço e capital estrangeiros, em um país novo, é de certo a mais salutar medida de quem governa, se condenados os impostos exorbitantes e fomentada a experimentação de indústrias e processos adaptáveis, de acordo com as condições locais e com o cabedal prático do povo que mais os tem desenvolvido e aperfeiçoado.

Este se constitui livro falado, douto e experiente, *up-to-date* na espécie, e previne o industrial patrício contra aquela considerável soma de tentativas, tão laboriosas quanto incertas, que caracterizam o estado nascente.

Há quem ouse defender o bloqueio do horto nacional contra a invasão dos processos estrangeiros, no tocante à cultura e indústria indígenas.

Tal hermenêutica jamais se me pode afigurar consequente de um zelo cego pelo nacionalismo; antes, parece crescida ao influxo de uma vã preocupação de originalidade, tão frívolas se me parecem as alegadas razões de ser.

A tentativa, ocasionando indubitáveis perdas de tempo e de trabalho, e demandando sempre uma série lenta de reformas, das quais aos poucos transparece um melhoramento, é sem dúvida o primeiro entrave oposto a qualquer indústria nascente. Ela encontra razões de ser somente quando nada ainda se conhece na esfera de ação em que tateia o explorador, ou quando se ensaia explorar um processo; porém jamais quando se teima apreender a mesma causa que, em consequência da evolução de certo método, ora se sabe estar a muito descoberta e ser praticada por outrem.

Que se o ensaie aperfeiçoar, se antevista a acessibilidade ao melhoramento — mas que, o classificando em longínqua inferioridade aos tantos mais, não se lhe procure, por indômita casmurrice, reproduzir todas as fases e trâmites, esquecidos a lentidão e labor com que outrem se vira a braços, anteriormente à inclusão desse mesmo método nos anais da prática e da experiência...

Não é somente ridículo repetir sem necessidade; é um crime em tal mister perder tempo — riqueza que se escoa mais rápida do que os melhoramentos se revelam...

Um país em formação não pode em caso nenhum esperar que os seus naturais tudo descubram ou inventem por si sós, independentemente da influência de outros povos, sob pena de deixar o progresso próprio em pleno meandro, confuso, de um retardamento eterno, indefinido.

Se as nações europeias têm contra nós mais de 20 séculos de laboriosa atividade e meticulosa indagação, e, portanto, um avantajado grau de progresso, corre-nos em favor a integral de experiência adquirida por todas elas, durante o largo tempo em que jazíamos no adormecimento autóctone: e outro não é o dever nosso, no presente, como mais jovens, do que assimilar os resultados das melhores experimentações e deles fazer a base de nossas indústrias, nelas estribar a nossa atividade. Em tais condições certo lhes abrirá o Brasil uma vantajosa rivalidade, com poder de vontade e amor ao trabalho, coadjuvando pelo cinzelamento de uma obra perfeita — o que jamais se dará se os seus naturais se entregarem, por futilíssima *originality's sake*, a tentativas desarrazoadas que, ao cabo de anos, os trarão, na mais liberal hipótese, aos resultados ora conhecidos, embora nesse mesmo espaço de tempo aquelas nações tenham levado muito além o aperfeiçoamento, ostentando noutros ramos toda uma série de surpreendentes descobertas.

Se nada se inventa e melhoramento nenhum tem escapado ao regimento da lei da continuidade, em começo adormentando sobre infrutíferos resultados, para logo passar a rudes processos e ir-se aos poucos decantando num cadinho de experiência, por que indagar o que outrem já tem obtido, com ressaltadas vantagens, e sem a aceitação do que de prático e eficaz tantos povos então praticam, furtar-se a edificar mais sólida e moderna base ao mecanismo industrial indígena?

Deixar as indústrias à mercê da inteligência e perspicácia de

27

nossos fazendeiros de longas barbas, por excelência conservadores, por mais hábeis que o fossem, seria, em consequência do desprezo inopinado dos conselhos práticos de outrem, persistir num estado de depressora inferioridade, criminosamente lhes retardando o avanço acelerado; nacionalizar o coeficiente experimental, por outros povos adquirido em paga de pesquisas, e em torno dele imprimir vertigens à nossa atividade, é uma medida de bom senso e governo, intuitiva, inconteste, beneficente.

Os gestores desta pasta não o têm entendido, todavia, e as indústrias, bem como a agricultura do país, jazem quase todas nos processos primitivos, antiquários desperdiçadores, baseadas nas fossilizadas regras errôneas, sem modificação nenhuma sofrida dentro de decênios e decênios, fastidiosamente desenrolados...

A adaptação dos processos usados em países, onde as indústrias similares são desenvolvidas com extraordinário sucesso, tem sido esquecida ou descurada, nenhum constrangimento se tendo feito sentir, nem à morosidade do aperfeiçoamento indígena, nem mesmo à imperfeição dos métodos usados.

Por outro lado, a agricultura tem sido deixada à mercê da *terra fértil e graciosa*, ao poder natural do húmus, nada de cientificamente verossímil tendo ainda sido aceito — tudo esperado da exuberância do solo, sob o influxo prodigioso da luz, das águas pluviais e dos milagres derivados das enxundiosas promessas aos Santos da Igreja.

Para onde se vai o velho atalho trilhado pelos avós é bastante satisfatório: toda a inovação por alterá-lo sendo não só um ataque à sabedoria deles, como um desrespeito à sua memória, é sobejo motivo para perdas totais, afora os ferozes castigos dos céus.

Deixemo-nos quedos, na simplicidade primitiva dos que se foram — tal é a síntese dos pensares da maior parte dos industriais do país.

É isto exclusivo cenário daquele espírito conservador português, daquela segnícia que não se modifica nem melhora durante séculos inteiros, nenhum pavor vindo despertar-lhe a concorrência inteligente e estrênua de outros povos. *Quem corre cansa*, repetem reverentes, cheios de fé, abroquelados de convicção!

E, nadando em esperanças, aguardam o feliz instante em que o bom Deus, das imensuráveis alturas divinas, em generosa retribuição às tantas férvidas preces mastigadas em jejum, opere milagres de tresloucado faquir, castigue aos irrequietos e mostre aos tímidos tesouros abastosos... Baste-me apontar os caducos processos adotados, em Pernambuco, no fabrico do açúcar e cachaça e, na Amazônia, no da borracha, motivadores da diminuição do rendimento do industrial, depreciadores do produto e portadores desse funesto ceticismo de *bem pouco podermos produzir barato*.

V. Exa. abordara com vantagem os preliminares desta questão, talvez convicto, como esse que escreve, da nociva influência do elemento português tudo abandonar, pelo *fato de ser cara a cultura em país novo e nada se poder produzir bom e barato*, a importação se lhe afigurando muito mais vantajosa, por isso que não implica esforço diverso do de satisfazer, por intermédio de despachantes, a enormidade das exigências aduaneiras...

Em se insinuando a compreender desse modo, V. Exa. só merece entusiásticos aplausos, porque contraditar a uma opinião arraigada é de fato atestar valor próprio, ombros erguendo de encontro às praxes senis e ao incondicionalismo estúpido, mais grudado aos hábitos dos povos conservadores do que os moluscos acéfalos às conchas engastadas nas anfractuosidades dos rochedos marinhos.

Tais sentimentos foram o elmo opressor da atividade variada do *settler* lusitano, desde os tempos coloniais; deram causa á restrição pecaminosa que o induziu a girar no estreito orbe da monocultura ou no efêmero plano da monoextração.

Esta tem aniquilado a riqueza natural de vários Estados daí, especialmente a dos agravados pela crendice dos *parvenus*, tornados legisladores, de ser-lhes a prosperidade função direta dos impostos decretados. Ainda não se libertaram do erro fatal, cegos ante o definhamento precoce do organismo industrial, entre nós jamais desenvolvido!

Este, longe ainda da maturidade, já em caudais sentia roubada a seiva. O Estado chefiava o assalto e o imposto era o tacape formidando, cruelmente brandido.

Nunca entre nós foi o Estado um protetor da indústria e agri-

29

cultura, legislando em seu benefício e nelas vendo o exclusivo motivo de toda uma prosperidade financeira; ao contrário, foi sempre o seu impertinente credor a exigir interesses desarrazoados, alheio ao paralelismo intuitivo entre as finanças da Comuna e as do contribuinte, e só atento às largas somas a si devidas pelos produtos arrancados da terra, na reles deslembrança da incompatibilidade simultânea entre o aumento de produção e de taxa.

O Estado tem existido no Brasil somente para arrecadar a fartura dos tributos; daí o axioma, em matéria administrativa, de *"tanto maior o imposto, maior a renda pública"*.

E a esse influxo, sua jurisdição, ao invés de derivada da organização da Força Justa, tem sido o triunfo pela ameaça da Força Bruta, ao comando do desejo absurdo resultante da miopia administrativa, quase se podendo dizer tal jurisdição haver-se convertido em domínio, no tocante às fontes de riqueza particulares.

A taxa de 23% sobre a borracha, por exemplo, torna por assim dizer o Estado o seu proprietário, em piores e mais vergonhosas condições do que o monopólio de Leopoldo II sobre o Congo, pois muitos outros impostos adicionais ainda lhe pesam, especialmente no Amazonas e Acre, e se mostram insaciáveis sanguessugas da unidade de trabalho do deserdado cearense, desse desgraçado que nascera no Ceará para gemer ao sol candente e fora arrastado ao vale do Rio-Mar para ser vítima de toda a sorte de desonestidades de seu sócio chefe — o Estado!

Os nativos do Congo não mais podem dizer-se os únicos vilmente roubados *in totum*, no mundo inteiro, pois, sem paixões cegas, a sorte do cearense, que vive na Amazônia, lhes é igual.

*****

Um fato prova-o com indubitável eloquência: de 15 a 25 de novembro último, a borracha baixara continuamente nos mercados europeus, especialmente nas praças de Liverpool e Londres, de 3sh-10d[1] a 3sh-6d por libra, equivalentes a 8sh-5d a 7sh-8d por quilograma, dos quais, deduzidas as chamadas comissões razoáveis para a

1   3 shillings e 10 pence (plural de penny)

diminuição do peso (*quebra ou shrinkage*) frete, seguros e lucros de exportação, resultaria um certo valor para o artigo, nas praças da Amazônia.

Tal valor, regulando a passagem da goma elástica da mão dos possuidores à dos compradores, se diria o seu preço — e nesse caráter viria estabelecer as bases para a cobrança do imposto de exportação mantido pelo Estado.

Este tem sido, até o presente, cego e estreito de entendimento, pois ignorando sempre o preço de seu exclusivo produto nos grandes centros estrangeiros, apenas se tem limitado a aceitar, como justa, a média de uns tantos valores, de si já reduzidíssimos, fornecidos pelos exportadores, fazendo-a de pauta semanal para a taxação fixa.

Ora, o comprador teve e terá em todo o tempo um exclusivo interesse — o de adquirir pelo mais baixo preço, para, furtando-se a despesas possíveis, vender com os melhores lucros.

Seria inepto o negociante que o não fizesse ou tentasse fazer, e por isso nenhuma censura lhes vai nestas linhas; antes, uma expressão de funda tristeza ao ver que os dirigentes da governança deixaram-no satisfazer aos desejos, encher as vistas egoístas, jamais lhe tendo oposto pertinentes medidas à tática muito fácil e muito clara...

Assim, os compradores de borracha, em sabendo de antemão o preço obtido por este artigo nos principais centros de comércios estrangeiros, e considerando constante uma série de *coeficientes práticos* dados por meticulosa experiência, quais 5% para quebra durante a travessia do Atlântico, 4% de taxas à *Manaus Harbour*, 3% de seguro, frete e embalagem, 10% de coeficiente pessoal variável de firma a firma, afora a estupenda parcela de 23% do Estado — deduzem toda essa alta soma do preço dado em telegrama (ainda com uma margem de segurança) e fixam, em seguida, o quantum correspondente às compras do gênero.

O mísero seringueiro paga-lhes todos os coeficientes, atingindo mais ou menos a 40%, e, ao fim, o exportador vai ao Estado e paga 23%, não sobre o preço no estrangeiro, mas sobre a oferta na Amazônia, resultante da dedução de todas as despesas (*inclusive a taxa do Estado*) o que quer dizer que paga, a menos, a importância de 23% sobre aquele coeficiente aproximado de 40% previamente deduzido, ou seja 9%.

Isso equivale a pagar apenas 14%; mas não obsta a que, em realidade, o seringueiro se veja desfalcado de todos os 23% ditos para os cofres públicos, como não previne a que os exportadores riam intimamente, na paz de seus escritórios, da santa miopia dos dirigentes da Comuna, que durante anos e anos, sob a vergonha de tão imoderada taxa numérica, têm engulido a pílula de 14 por 23%

Agora, eis que um desses incomensuráveis dislates do Sr. Neri fez alterar bastante a *pauta* da Recebedoria de Manaus: dizendo ser o baixo preço uma evidente especulação dos compradores, considerou-o 30% mais alto e sobre esse arbitrário valor, em excesso elevado, ordenou forçada arrecadação.

No intervalo de 19 a 25 de Novembro os preços de 8sh-5d e 7sh-8d correspondiam, ao câmbio de 15£d, a 6.636 e 6.033 réis fracos, enquanto as compras se fizeram a 4.530 e 4.375, respectivamente.

A despeito de tal praxe arraigada e na ignorância dos altos valores a que as compras do dia, em Liverpool devessem corresponder às vendas em Manaus, o abstruso *tuxaua* dos *barés* ordenou a conservação da pauta em 6.000 e 5.300, referentes às duas semanas naquelas datas começadas, desta maneira *parecendo recolher* aos cofres públicos cerca de 345 Rs. a mais, por quilograma.

As razões de ser de uma tão depredadora teimosia, dessa ablação tão delituosa como os roubos por emboscada, eram que o Estado precisava de dinheiro, pouco importando o meio de o adquirir... Era autoridade e o fazia!

O resultado, porém, é que os exportadores não vendo senão conveniências em guardar inviolável o segredo fútil, (e certo não querendo ter de lucro, a menos, 345 Rs. por quilo) baixaram desta soma o preço pretendido pagar aos possuidores da borracha, levando-lhes, *como uma nota mista de protesto e consolo*, o apregoado absurdo do Estado cobrar, a mais 9% sem apoio de lei, perfazendo 32%, em seu dizer.

O patrão e o aviador não receberam tal parcela, sofrendo tão somente o desprazer de embolsar menos dinheiro, para, em consequência, faustosamente inscrever em seus livros, na coluna Haver, mais avultados algarismos a crédito do fabricante do gênero e distender-lhe o orbe do *fiado*, no intuito egoísta de os absorver quanto antes; o seringueiro, porém, esse peão da desprotegida indústria, que levou a *sonhar* com um saldo durante muitos anos, viu-o *evaporar-se* e, perdendo-o, encontrou-se mais longamente jungido às voltas sem fim de sua estrada. Foi quem pagou e quem perdeu tudo!!

Na escura noite dos cismares a queda de tal promessa fora qual um pirilampo que fugisse, deixando-o todavia resignado e pacato, a transportar as esperanças de redenção para novo futuro longínquo, embora de mais a mais depauperado pelo paludismo.

E perdeu calado, sem uma nota de protesto. Disseram-lhe que a sua borracha obtivera, a menos, 2.000 Rs por quilo; e ele, sentindo confranger-se o coração, trouxe o pesar a debruçar-se-lhe nas janelas d'alma, mostrando nesses olhos vagos a imensurabilidade da dor e da desgraça; mas não gemeu nem chorou, como nem sequer ergueu um braço, num gesto de desforra, ou soltou um grito de imprecação, num reflexo de vingança. Viu os *gaiolas* baixarem e esperou a fuga das águas para tornar à sua trajetória fatal, por meio do cerrado silente da mata, afim de golpear as *héveas* e fazer mais borracha, base única de sua libertação falaz. Mas os algarismos crescem contra si, avolumaram os débitos, enquanto a luz de cada dia o vê encontrar mais fisicamente depauperado e mais enterrado na dívida crescente, apavorante. E um dia, depois de um nauseante abolorecimento, igualado aos abantesmas esquálidos, esse novo Tântalo morre de inanição, legando à choça a mísera carcaça de débitos gravada até a raiz dos cabelos!!

O Congo, com todos os martírios e ignomínias inerentes à sua *Red-rubber*, não evoca fato mais iníquo!

*****

Para remediar o mal, que o governo não mais a nacionalidade nossa desvirtue no estrangeiro, com tantas estreitezas de vista, estupendas desídias e despautérios de toda a sorte; reduza os impostos e não fique à mercê das informações interessadas dos exportadores suspeitos; baixe a taxação sobre a borracha para 10% já e algum tempo depois fixe-a em 6%, sobre o preço da véspera, nos mercados estrangeiros, recebidas de fonte fidedigna as instruções telegráficas.

Então, no caso do preço a 3sh-10d por libra, ou 6.746 Rs por quilograma, em presente, a taxa de 675 Rs já é excessivamente elevada — e a de 405 Rs, se bem regular, é todavia mais alta do que a das Repúblicas vizinhas, ditas mais atrasadas, porém bem mais sensatas na interpretação dos deveres governamentais. As taxas oficiais, fixas, de 8 centavos sobre cada quilograma de borracha fina e 5 centavos sobre o caucho, no Peru, correspondem, pelos preços acima, a menos de 2% e a mais de 1%, respectivamente; na Bolívia ela não excede de 12%; apenas na Amazônia ela se mostra mais cheia de avareza e insaciabilidade, chegando ao quarto da unidade de trabalho!

A contribuição assim desproporcionada, requerida pelo Poder Público, é o bacilo devorador de toda a vitalidade da indústria extrativa amazônica, os ressaibos do maléfico legado dos colonizadores da outra banda sendo o responsável direto pela tuberculose econômica contraída, através da escassez da monoextração — endemia de que é derivante a cessão absoluta, aos competidores, da primazia e vantagens antes gozadas no mercado. E, ao revés, os governos de países outros estimulam o plantio e cultura de famílias que florescem na mesma latitude — *héveas, jatrophas* e *castillôas* — promovem propagandas, criam prêmios, isentam-nos de impostos e abrem franca concorrência aos velhos e importantes centros produtores.

Em tais regiões o Estado, jurisdizendo em prol da agricultura, não deixa de ver-lhe na prosperidade o melhoramento futuro de suas finanças. Nesse intuito gasta em princípio, nenhuma inveja sentindo pelos lucros primeiros do particular — e apenas vindo a taxar, de leve, os artigos produzidos, quando nem a estabilidade industrial de modo algum periga, nem o estímulo enfraquece.

Lá todo o empreendimento agrícola acarreta em princípio certa soma de despesas para o erário publico, enquanto aí ele sem demora acorda a ideia de uma fabulosa fonte de receita e aponta uma nova pousada ao bando esfomeado das taxas gaviões, que pairam irrequietas na atmosfera interna das Casas de Congresso.

"O Estado foi criado somente para receber e nunca para despender" — é o princípio em voga, chegando-se por isso a sabedoria do fechamento de repetidas dezenas de escolas primárias, e quiçá superiores, quando delas não provém *gordo saldo*. O correio, que em paragem nenhuma do mundo civilizado estando contemplado entre as largas fontes de receita pública, deixa sempre sensíveis *déficits*, embora às vezes a sabedoria de um Rowland Hill os converta em lucros extraordinários, é no Brasil uma das vacas de mais avolumadas tetas... Dobram-se os portes, ao contrário do que o inteligente ato daquele *postmaster* inglês sagrara, quando maior porção de *arame* se faz necessária às despesas orçamentárias...

Mas, deixemos os míopes com o apanágio da gravitação no orbe dos mais acanhados pensares, na faina de revoltantes crimes pelo sacrifício do povo, a despeito da bem-aventurança eterna caber, com o reino dos céus, aos pobres de espírito — e tornemos à análise dos perigos decorrentes de um tal apedeutismo.

No caso da cultura da seringueira (*hévea brasiliensis)* nas Índias Orientais e da cana de açúcar (*saccharum oficinarum*) e cacau (*theo-brorna-cacau*) nas Índias Ocidentais, os impostos, em começo eliminados, são, após a evidenciação da estabilidade das indústrias, fixados em valores ainda *dez vezes menores* do que no Brasil. Por isso, é a unidade de matéria prima lá produzida por preço muitíssimo mais reduzido — e, em consequência de favores outros que formam um sensato protecionismo, sendo postas em prática indagações as mais dispendiosas em benefício do melhoramento das indústrias, os produtos vão a passo largo expelindo os similares amazônicos dos mercados consumidores e adquirindo mui elevados preços, já pela mais cuidadosa manipulação e feitura, já pelas condições locais de trabalho.

Assim, em face de tão desigual concorrência, a indústria de nosso país, sobrecarregada de impostos exorbitantes e a pagar mais elevados salários ao braço, certo se deixará vencer na competência e naufragará. Faz-se urgente a alteração desses absurdos, tornados leis imutáveis, afim de salvar tanto a fortuna pública como a particular, do vórtice a que tendem.

À medida que as indústrias similares estrangeiras são protegidas, resultando daí a tenaz competência despertada por seus

35

artigos, as nacionais vêm-se oneradas de mais a mais, afrouxam-se, e, recuando com grande dano para os particulares e vergonhosa fealdade para o nome pátrio, cedem o primeiro lugar, até então conservado, às rivais triunfantes.

Já não é o primeiro caso. V. Exa. bem exemplifica o nosso desastre ou imperícia na exploração da quina silvestre, mostrando o efeito da ilusão de ter ontem parecido rendoso e barato retirá-la da floresta impérvia, com a negligência de que o cultivo metódico, podendo tornar ainda menos dispendioso o aproveitamento de seu alcaloide, viesse, ao cabo, expelir de vez a indígena dos mercados consumidores.

Com a goma elástica está hoje a acontecer o mesmo: as várias companhias limitadas das colônias inglesas estão a produzi-la mais pura e mais barata do que o fazemos, valendo-nos apenas, na competência perigosa com que no-la enfrentam, a inigualável elasticidade do artigo brasileiro, e, em parte, às incertezas e indecisões do estado nascente, na impraticabilidade com que os *coolies* do Oriente estão a golpear as mal desenvolvidas *héveas*, sacrificando-lhes a maturidade, obtendo seiva muito aquosa e deixando larga superfície do córtex sujeita aos ataques daninhos da *white ant*.

Não fora a exiguidade das áreas disponíveis para o vasto cultivo, causadoras da atrofiante proximidade das árvores, em flagrante divergência quer com as leis da botânica, quer com as condições particulares de seu crescimento nas florestas naturais, agravada ainda mais pela impaciência de esperar-lhes 10 anos pela maturidade, durante tão largo espaço de tempo imobilizando grande capital — e certo em menos de dois lustros mais, a indústria extrativa no Oriente preponderaria com a sua borracha sobre a nossa, tanto em preço como em quantidade, igualando-se-lhe em qualidade.

Já em presente o *biscuit* de lá alcança um xelim a mais por libra, ou sejam 1700 Rs por quilograma. Deixara de ser a aplicação obrigada da genuína *Pará-rubber* em grande número de manufaturas, viz. automóveis e bicicletas, como também a insuficiência da produção do Oriente para o consumo atual, e, sem dúvida, já ela teria sofrido mortal reação, idêntica à da quina.

*****

Não poderia eu dar exemplo mais frisante do que este: cada dia aqui se oferece ao público uma nova empresa para o plantio e cultivo da borracha nas Colônias de Leste, muitas vezes declarada a obrigatoriedade dos acionistas (*shareholders*) esperarem 7 anos pelo primeiro dividendo; no entanto, dentro de 24 horas, o capital oferecido é espontaneamente subscrito 18 vezes!

Tal fato acaba de acontecer com a *Banteng (Selangor) Rubber Estates Limited.*

Em contraposição, qualquer companhia oferecida em terras do Brasil, máxime no vale do Amazonas, com a previsão segura de lucros imediatos superiores a 15%, tem o seu *Prospectus* rejeitado. Um terço do capital pedido não é tomado pelo público investidor.

Trazem todos à baila o excesso de taxação; significam inteira desconfiança quanto desrespeito aos direitos de propriedade, por parte de nossos *estadistas*; citam leis pessoais, no desastre de suas aplicações; mostram-se em nada confidentes com o *regímen* nosso e retraem-se.

Julgam-nos sem princípios nem diretriz, sem códigos nem ideias; consideram-nos selvagens, ao esmo e aos milagres. E quando o nome nacional é aqui repetido, se não desperta cedo uma interrogação sobre a situação geográfica do país — o que acontece amiúde, arranca apenas dos mais sábios um paralelismo com as chamadas *Repúblicas de Cogumelos Sul-Americanas,* ou a enciclopédica revelação dos mais aprendidos: "*Brasil! Oh! Yes, the country where the nuts come from*"...

Isto é geral. E se não ouse dizer que o inglês seja selvagem, ignorante ou atrasado, embora mui pouco acredite nas leis e códigos de todas as regiões que lhe escapam à sombra da *British flag.*

Convenho em que nos não compete ensinar ao estrangeiro — alheio ou ignorante à vida internacional — nem o que ora somos, nem o que o futuro nos posa reservar de importante e honroso; mas também não oculto que inúmeros pontos feios, negros em seus resultados, irrefragáveis de verdade pela desídia de nós próprios e pelos

37

caprichos dos maus dirigentes, num amplexo de negligência e inépcia, sejam razão robusta para nos suporem no paralelismo da Libéria!...

*****

A sabedoria do presente consiste em dilatar a ferida, retirar toda a sânie e irrigá-la bastante a doses concentradas de sublimado ou vitríolo, tão fundos se me parecem alojados os micróbios do mal; senão, cortar até ao tecido ósseo todas as fibras, apodrecidas ou alteradas pelo elemento daninho, no abatido organismo republicano, como a mais eficaz medida de salvamento.

A lei brotada dos cérebros parvos de verdadeiros mendigos do saber, destituídos de percepção e discernimento, para quem o servilismo incondicional o mais baixo fora o *ticket* de entrada nos corpos legislativos — essa lei saturada de uma ignorância hereditária ou da desenfreada desonestidade dos *poderosos*, de fora, que a lobrigaram vencedora através da inconsciência dos papalvos, de dentro, que a voz de comando tem-na votado, em plena ignorância ou a despeito de suas palpitantes depredações — é o primeiro elemento mau a nulificar, na precisão acintosa do termo; os bem-aventurados dos Santos Evangelhos, gozadores da felicidade perfeita, que a *carolice* requintada tem sempre assegurado, de tudo desconhecerem, o segundo elemento a ser afastado pela *canonização*; os *mandarins* desonestos e apáticos, anti-propugnadores do bem coletivo, os terceiros a sofrer a justiça *rooseveltiana*; e, por fim, a lei justa, filha do bom senso guiado pelo amor à estatística e observação, redigida de acordo com as condições inerentes à vida de um povo, o elemento último e salvador.

Estrangule-se esse Golias do imposto presente, como o dragão da discórdia no congresso da Paz; dê-se caça à indolência atávica, espancando ao mesmo tempo a ignorância nos sertões, seringais e fazendas — e, depois de uma tal sega, a semente do bem germinará, cedo vindo a ostentar floração e frutescência extraordinária.

Levem-se aos míopes as lentes apropriadas a dilatarem-lhe a

pupila, franquie-se-lhes a luz precisa para verem bem e discernirem, e nunca se os privem de tais elementos, crendo curar de um tal modo...

Raras vezes, para quem geme, um sofrimento maior, sucedâneo, vem mostrar qualidades eficientes!

Não mais se pretenda ser o alto tributo um castigo infligido à pasmaceira que, no campo das largas indústrias inexploradas, arvorara o filho do Norte em muralha protetora. Já vai longe o insucesso, tornando-se muito feia a insistência casmurra, muito perigosa a contumácia.

Não há mais se premir o seringueiro até ao roubo e extorsão, acreditando destarte obriga-lo à prática de novas indústrias. O nomadismo industrial seria então um princípio básico.

Ademais, 78 longos anos já bastam para atestá-lo. Hoje cabe ensaiar medidas suasórias e prevenir que a vantagem dos continuadores dos expedicionários aportados à Santarém cresça dia a dia, mais se avolumando em nosso detrimento.

A cultura científica, melhor cuidada, melhor protegida — desde o mais comezinho influente no comércio até ao Poder Público, que se coíbe de motivar a anemia da riqueza particular pela insaciedade da sanguessuga das taxações — é-lhes a arma valente de que se servem para nos escachar.

O vale do gigantesco Amazonas, com os seus *cem milhões* de seringueiras seculares, podendo, pela transmudança dos *seedlings* (árvores recém-brotadas das sementes que escapam aos dentes da esfomeada fauna vagabunda), em começo do período hibernal, dar pousada a bilhões desta preciosíssima euforbiácea, na faixa de um quilômetro de largura, ao longo das margens dos rios e igarapés navegáveis, deixa antever despropositada largueza à prosperidade de um país.

Isto, se feito e cuidado na conformidade dos princípios científicos, bastará para converter a Amazônia na mais fabulosa região do mundo, o *stock* anual de seu artigo primordial sendo estimado dezenas de vezes mais do que as avalanches de trigo da América!

Mesmo na hipótese do preço da borracha descer a um terço

(o que não é assaz pertinente) a desbordância da produção, de par com a enormidade da demanda pela vastidão das aplicações industriais, coadjuvada com vantagem pela extrema barateza dos novos métodos, vazados em moldes verdadeiramente práticos e fáceis, terá ainda para o *stock* um valor repetidas vezes maior do que o de hoje.

Relevar essa colossal fonte de riqueza nacional dos ônus rapaces destes dias e procurar assegurar-lhe a inesgotabilidade com fomentar o transplante de *seedlings* e o plantio de sementes selecionadas em cada florescência, ao longo das vias terrestres e fluviais de fácil acesso e trânsito — eis a demanda exclusiva que a Amazônia está de há muito a impetrar, não só para o seu salvamento, como para a consequente culminância do Norte sobre o Sul da República.

Não é lícito procrastinar mais longamente o início de uma legislação rigorosa e previdente, reclamada como garantia da indústria da goma elástica — legislação que triunfe em sistematizar a extração do látex, livrando de dano as árvores e de imperfectibilidades à defumação, de que lhe resulta o preço, de fato, inferior ao da Malásia.

Os processos delituosos, com imutabilidade adotados nos seringais do Pará, clamam por uma aposentadoria imediata e consequente sucessão de melhores, afim de lhe não andar o seringueiro às pegadas dos peruanos, no tocante à indústria do guano, sem referir à destruição absoluta do caucho: supondo inesgotável o amontoamento de dejetos dos pássaros marinhos, através dos anos, vem de há muito removendo-o no afã da lucrativa exportação, de todo indiferentes à preservação dos albatrozes e gaivotas, aos malefícios de afugentá-los dos ninhos e de matá-los à larga...

No entanto, quando um vislumbre de bom senso nos falecesse, a ação, na espécie, de outras raças, bastar-nos-ia para alertar. Porque todos os povos sensatos, interessados no cultivo de nossas três principais árvores produtoras de borracha, têm-lhes com minudência pesquisado e discutido medidas de salvamento e proteção, exceto o Brasil e Portugal.

Este, todavia, sob a influência da legislação do Congo sobre o corte e preservação de suas euforbiáceas, procurou, embora com resultados infrutíferos, por meio do decreto de 16 de Julho de 1902, melhorar os processos extrativos em Angola, sistematizando-os de modo a purificar a goma e prevenir-lhe a baixa mais sensível, todas as vezes que uma depreciação lhe sobrevinha no mercado — enquanto o brasileiro riu às *tolices* de ir-se de encontro à realidade de *jamais ser susceptível de endireitar-se o pau que torto nasce...*

Coube-lhe a vitoria do *perde-ganha...*

Nunca se pensou na adoção de medidas práticas, aconselhadas pela ciência e com força de lei, afim de obstar a devastação da maior fortuna da Amazônia!

Que tristeza para mim o confessar termos tido menos sabedoria do que os irmãos da *outra banda* e ainda menos do que os homúnculos alcatroados do Congo!

Estes viram o estrago das suas árvores produtoras e não só correram em salvaguarda das danificadas, como das florestas ínvias, consignando ao industrial a obrigatoriedade de replantá-las anualmente, em número de 150 por tonelada de borracha extraída no mesmo tempo, visando descarte garantir a constância dos lucros de Leopoldo II, pela eternização da indústria, e cooperando pelo aperfeiçoamento e seleção do produto, na qualidade de fatores mais poderosos para sua valorização. Os ingleses na Malásia, os alemães na Africa Oriental e Samoa e os belgas no Congo, esforçam-se cada dia para melhor garantir a longevidade das árvores de cultivo e aperfeiçoar os sistemas de cortá-las, evoluindo do *herring-bone* à espiral; os portugueses já cuidam de evitar o decréscimo da exportação angolana, de 2.000 toneladas em 1906, quando de 1898 a 99 atingira 3.000 — ao passo que os nossos homens se não assustam com coisa nenhuma, porque sentem ódio pelos dados estatísticos e acreditam, com os selvícolas, não se acabarem as *héveas* antes do vaticinado fim do mundo pelo fogo... Por isso mesmo, ainda nesta época de crise fortuita, a borracha procedente de toda a parte nada sofreu, por assim dizer (exceto a de Angola) em comparação com a da Amazônia, onde a defeituosa organização do comércio e a não sistematização da pretensa indústria bastaram para a *quebradeira* geral, para o exício pleno de suas duas principais praças!

* * * * *

A borracha do Brasil — a melhor do mundo quanto aos coeficientes de elasticidade e resistência — a mais antigamente explorada, ser a mais toscamente preparada, a mais impura e pior remunerada, é quase incrível!..

Ao contrário ao que a boa razão postulava, o Poder Público poupou-se a quaisquer medidas. O seringueiro continuou a esculpir dorsos de jacarés no tronco cilíndrico das seringueiras por ele trabalhadas, logo as abandonando, ao vir o inverno, para cumprir a sina de acompanhar, rio acima, as piracemas atrevidas que, a despeito da velocidade indômita das águas, na vazante, iam sempre em demanda da jusante, de encontro a elas, subindo... Iá à cata de terrenos inexplorados, na sanha inconsciente pela virgindade das *héveas*: queria-as intactas à fortaleza de seu machadinho!..

Esmerilhem-se os trâmites das trajetórias seguidas pelas indústrias da goma elástica, tanto no Brasil como nas Índias Orientais.

À atividade operosa, à consciente observação protegida por uma discrição à prova de inteiro sucesso, dos industriais ingleses interessados nas culturas de caráter científico nos *Straits Settlements*, tem-se contraposto a mais pesada inércia, o mais criminoso indiferentismo nosso: à medida que as sentinelas avançadas dos vermelhos *albions* ganham terreno, dia a dia melhor edificando a vitória pela maestria do assalto, espreitando-nos todos os mais simples movimentos e tendo, sob a esclerótica injetada — de um brilho tradutor de anciã pela precessão e ufania pela superioridade — o pobre ser nosso, esse mesmo ente aparvalhado e néscio, como se fora um bugre ou estivera a antegozar as delícias proporcionadas àqueles bem-aventurados imortalizados no *Flos-Sanctorum*, a quem protegera um pálio de asas níveo-aurifulgentes de zelosos anjos-da-guarda... enquanto vigilantes eles se têm mostrado, os nossos homens se têm quedado, apáticos, na heroicidade do deus-dará!

Temos-lhes dado tudo, numa imensurabilidade de bondade, contrária ao dever de esborcinar-lhes todos os intentos em relevo.

Integrou-se, numa série estranha de altas culpabilidades, a primeira mostra de desídias. Fora um desastre!

Cerca de 32 anos atrás desembarcavam, à sombra de precauções e à tática de disfarces, capazes de semelharem irmãos da tolice e da monomania, no lugarejo Santarém, súditos ingleses incumbidos de especialíssima, delicada missão em terras nacionais.

Atribuía-se, ao tempo, a toda a gente que não falava o idioma indígena, uma falta de sanidade mental. As palavras, estranhas, parecendo sons inarticulados, aos ouvidos dos naturais, eram cabal testificação de que aqueles gringos, que em nossas matas procuravam besouros, raízes e cascas de paus, tendo sido postos fora dos manicômios de suas terras, foram com menosprezo mandados despertar os risos dos bugres de outras paragens, nessas mostras de tantas criancices e nas dobras de vãs palavras ...

A ignorância geral evitou a compenetração da espionagem, triangulando uma teia hábil de detalhes: e ao invés de criar-lhes obstáculos insuperáveis, favoreceu-lhes o mais seguro e vantajoso meio para dilatar o campo das indagações. Criou, mesmo, uma muralha protetora — a do embasbacamento à distância — a todos os desígnios do espião.

E assim, as pesquisas as mais minuciosas sobre a natureza instável do solo e sobre as condições de crescimento da hévea a ele inerentes; todos os pormenores biológicos da flora amazônica, foram apreendidos em fatal flagrância de segredos naturais, de que o Poder Público tinha o austero dever de jamais permitir tão nua revelação.

Todavia, em alegação de duplo serviço à ciência e à propaganda, toleremos o estripamento dos segredos indígenas — embora certos de que outro povo se teria feito de abelha ciosa e deixado no trevor da colmeia o privilégio do conhecimento. Teria ávido numa nuvem de bom senso, preventiva de uma deseclipsação perigosa!...

Contudo, não se contentara o espião sagaz e soturno. Fora mister uma alteração da trajetória anteriormente traçada, através de curvas de disfarces, para toda uma linha de intentos confessos, em ampla savana batida de sol.

E a discreta empreitada cometida insinuara-se em rumo do acinte depressor...

A semente das *héveas* devia ser apanhada nas melhores condições de vitalidade, em porção bem capaz de servir a uma escolha científico-industrial, e, quanto antes, transportada para latitudes correspondentes, muito longe da vaza do grande estuário equatorial. Os caititus, quatis, cutias e roedores de toda espécie, os mamíferos vários, desde o cervo ao tapir, todos instintivamente habituados ao concurso da semente das seringueiras na restauração dos estômagos famintos, não permitiam, apesar da grandeza farta da florescência e frutificação, o apanhamento imediato dos preciosos casulos euforbiáceos.

Era forçoso que o maior número de pessoas se internasse na floresta à cata de genitores da árvore cubicada, afim de ser ganho em tempo o que, a salvo, o seria pelo engenho manhoso de um só estrangeiro.

Havia mesmo o grito de conservação individual, induzindo a que o forasteiro mais egoistamente se fechasse contra os assaltos das moléstias endêmicas, locais, para melhor garantir o antevisto sucesso das empresas de plantio, já pela rápida detenção dos embriões, já pela chegada prematura, em paz e salvamento, do seu portador, àqueles terrenos prejulgados de fácil adaptabilidade.

Um simples pressuposto óbice não mais temores despertava ao discreto indagador: — era a oposição, pelo Poder Público, a esse roubo de onde se vem originando a grande crise ora tombada em cheio, esmagando-o à morte, sobre o largo comércio da goma elástica amazônica.

Os ouvidos do organismo administrativo estiveram trancados até o presente, qual um bloco de pórfiro, aos tentâmens dos perspicazes netos do enxundioso e nédio *John Bull*: e tudo o que tinha traços ou ares de discrição, (vergonha nossa!) passou a ter cores de estímulo.

Luzes diretas, menos refratadas, batiam a melhor no cenário do lugarejo de Santarém.

O objetivo estrangeiro resolvera despir a máscara e as bombachas, desnudando, em seu próprio favor, o intento tão acautelado!... Tudo se mostrara numa maravilhização pasmosa, em auxílio da missão peregrina, ao invés da zelosa fiscalização esperada, julgada quase aniquiladora.

E o *Fiat Veritas* impôs-se...

John mostrara o plenilúnio da moeda tilintante na mão musculosa, enluvada por precaução profilática, traindo as vivas emoções de quem acaba de saborear um triunfo inacreditado: e gesticulando, incisivo, em face das inermes sementes de seringueiras, esforçado por evidenciar o propósito de adquiri-las por compra (já que o idioma local lhe era ignorado), logrou ser entendido e viu partirem, ansiosos, uns muitos pegureiros de outra casta, aos clarões daqueles pequenos sois da então Vitória moça, para logo tornando, ofegantes, com milhares daqueles esferoides pintados, fazê-los sujeitos às inconveniências econômicas de muita oferta para uma só procura individual.

Ria-se o inglês de vermelha face oleada e bigode raspado, talvez pelos naturais julgado beneficente e milagroso, ainda, em razão da semelhança com os formigões da Igreja...

E assim pôde fazer, bem a modo, a mais extraordinária escolha, a mais eficaz aquisição e lograr o maior aproveitamento de tempo, tríplice triunfo que raras vezes é dado a algum feliz vivente, em matéria de negócio, saborear!

Não fora mister a clemência falaz dos anófeles malditos, nem a hospitalidade de vívidos raios de sol, coados pelos claros da basta copa das matas imensas, para, qual bússola falante, guiá-lo através das impérvias terras dos jurunas. Nem mais se sentira mercê dos bruxuleios da caridade destes, para ser-lhe poupada a vida.

Podia ver, do limiar de sua barraca, os bandos de lepidópteros azuis bailando inconstantes por sobre a uniformidade fastidiosa dos taludes: ouvir o jacaré feroz, d' olhos esbugalhados como um possesso das águas, esturrar-lhes à tona barrenta, e, ainda, acenar alacremente, insidioso e alvissareiro, a sua adorada *British flag* — verdadeira nódoa de sangue vivo pregada no topo do mastro de popa dos navios que passavam em trânsito para Manaus e Iquitos — tonificando-se ao influxo de sua patriótica insinuação e às esperanças de em breve contemplá-la, até ao aborrecimento, quando a bordo de um outro navio inglês seguisse, com as ricas sementes e cubicados *seedlings*, em caminho dos mares indo-orientais, a agasalhá-los cuidadosamente nos canteiros, fartos de adubos, dos jardins botânicos de Peradeneya e Kew...

Os curibocas tornaram mais uma vez do báratro da mata, trazendo a esmo sementes e filhos tenros de seringueiras (*seedlings*)— deserdados de nova espécie, banidos do seio maternal da luxuriante flora brasília, com o propósito de enriquecer a natureza asiática.

Encheram, na inconsciência do grande mal, a medida das ambições. Saturaram o desejo imenso de *John* e viram-no partir furtivamente, tão nédio e tão rubicundo, como se um ângulo de seu velho pavilhão lhe tivera sido pregado, a whisky, na face gorda: e com ele dissiparam-se as doiradas esperanças de ainda apanharem libras esterlinas a troco de sementes rajadas de pau-seringa, mera comida de pacas e caititus...

— Que tolo que era o *gringo*, o estrangeiro estroina, o maluco esbanjador de ouro, a mancheias! — exclamavam *a una voce*.

E não se apercebiam de que o sulco pelo navio deixado na face clorótica do rio e apontado insistentemente pela bandeira inglesa desfraldada à popa, numa espécie de frenesi pela incredulidade da vitória amesquinhadora, era a implícita revelação dessa desgraça rubra que ora açoita às terras primeiro pisadas pelos bonacheirões do jaez de Pedro Teixeira!...

Era a incisiva indicação desse grilhão agora sentido e de que jamais se libertará o povo dos seringais, o *ordenhador* de nossas maltratadas *héveas* — que mais feliz vida gozam em terra alheia, no longínquo exílio dos *Straits Settlements* — salvo se um outro padre, nédio e vermelho, obtiver dos céus um aniquilador terremoto para varrer toda a vastidão das Índias Orientais, como castigo aos egoísmos, astúcias, triunfais planos de expansão industrial de *John Bull.*

Que diversidade de condições e medidas!

Exemplifique-se, sem traço de força, nem colorido vivaz, em desatraente nudez.

As disposições de cultura nos *Straits Settlements* permitem o plantio da alta cifra de 200 *héveas* por acre — e isso dá ao feitor ou gerente de quaisquer tratos de terras, o ensejo de fiscalizar o trabalho do operário, bem como franqueia a este a oportunidade de cortá-las em maior número e mais reduzido tempo, do que se o pratica na Amazônia. Isto vem contribuir, tanto em favor do abaixamento das despesas de obtenção do látex, como dos ensaios de mais econômicos e aperfeiçoados processos, tudo revertendo em benefício da própria indústria e lhe encarecendo a demanda dos produtos.

Conclui-se haver em média, na Amazônia, menos de uma hévea secular por acre, vendo-se o seringueiro obrigado a percorrer uma mui extensa área para cortar as 100 *madeiras* de sua estrada, a despender maior soma de energias e arrostar com o iminente perigo do leite coagular, antes ou no correr da defumação. Este aumenta de viscosidade à medida que o tempo passa, cria os mais sérios embaraços à cuidadosa defumação, se o não impede de bem tratar do produto — razão por que a goma por ele fabricada é menos pura e menos limpa do que a oriunda das colônias britânicas.

O processo em si, aplicado na Amazônia, seria muito mais conservador da hévea do que os do *half* e *full hearing-bone* e *spiral*, ensaiados pelos plantadores na Malásia; mas na prática tudo se distancia e o machadinho do seringueiro patrício danifica muito mais e mais conspira contra a duração de suas seringueiras seculares, sacrificando-as, do que as facas e carretilhas, semelhantes respectivamente a plainas e esporas, inventadas por Bowman & Northway para a execução de seu *spiral curves system*. Ambos estes processos, cortando e perfurando um maior número de vasos latescentes, do que o verdadeiro amazônico, em uma enorme extensão do córtex, facultam sobremodo o assalto e morte das árvores novas à faminta *white ant* (espécie de cupim das caatingas do Brasil), em avantajada escala, mas tanto ainda não basta para lhes enfraquecer a competência conosco, nem diminuir a tonelagem crescente cada ano atirada aos mercados consumidores, porque eles, não nos ignorando, não se permitem descansar antes de havê-los melhorado à perfectibilidade, indagando com ardor os meios prático-científicos de pôr termo aos males e defeitos notados!...

O *regímen* da poupança e apatia, herdado da caduca metrópole, tem-nos deixado em censurável indiferença ao movimento tendente à asfixia de uma das nossas principais fontes de riqueza (exclusiva da Amazônia), quando os dados estatísticos nos deveriam ser os melhores censores — e só agora quando as proporções assustam, é que o Amazonas aborda o assunto e mostra pensar em proteger a extração do látex das seringueiras, tornando-a verdadeiramente científica, industrializando-a, já pelo estímulo, já pela possível redução dos impostos, já pelo ensaio de processos modernos.

Quando a semente do mal já bem longe vai da floração e tem ramificado em todos os sentidos, é que o papalvo acorda. Vê os tentáculos do polvo assaz multiplicados: e crente de que o único *processus* de cura jaz no aforismo do estado nascente, cortado o mal pela raiz, para logo abanar com a cabeça em dois sentidos, pensativo aventura sem demora uma promessa aos milhões de santos do dogma católico e antecipa uma faustosa missa em ação de graças (dessas que são hoje tão comuns e tão ridículas, dando a nítida ideia do definhamento da mentalidade do meu país); mas nenhuma eficácia tendo logrado com a impetração de auxílio desses *amigos divinos*, sempre movidos pelo maior interesse das gordas dádivas e ao mais das vezes ingratos, acaba tomado de uma incredulidade e consolação, esdruxulamente amalgamados, e se queda a murmurar à surdina o *não há mais o que fazer*.

V. Exa. mui incisivamente se manifestara sobre a incúria que tem presidido a indústria da goma elástica na Amazônia, bem como sobre o excesso da gravação asfixiante, quando entre os competidores ingleses e alemães ela atinge apenas a 2½ por cento — e isso depois de praticamente metodizada.

Baste-me, sob este ponto, alegar que nas Índias Orientais a borracha é em presente fabricada e embarcada sem ônus de mais de 2 xelins por quilograma posto em Liverpool, ao passo que a do Brasil não chega àquele mercado por menos de 3sh-6d, ou 75% a mais nas despesas.

É de convir na desvantagem sem termos de uma tal rivalização, pois somente ao governo esta última paga tanto quanto o total das despesas de fabrico, taxas, frete, seguros, da outra! Além disso, o coeficiente de aproveitamento industrial deste é de 98% contra o de 81% nosso, tendo a contrabalançá-lo a inigualável elasticidade do produto das vazas do Rio-Mar.

Enquanto a produção de uma apenas contém 2% de impurezas, patenteado o benéfico influxo do protecionismo lá adotado, a indústria-mãe, mais forte e consolidada como deveria, exclui cerca de 19% de matérias estranhas, sendo que tão alto grau de imperfectibilidade de método apenas nos patenteia a alheação ao que se pratica no degredo dos seringueiros, a negligência criminosa a que tem ficado entregues, na espécie, os processos indígenas.

E é por isso que me parece ser essa questão de produzir barato mera função do coeficiente de rendimento proporcionado pelo método agrícola seguido, e da remuneração do braço empregado no trabalho, embora entre nós este dificilmente possa competir com o dos colonos ingleses.

Vi em Barbados, Demerara, Trinidad e outras colônias britânicas, um *coolie* ganhar menos de 6 *pence* por dia útil — o que, ao par representa mais ou menos 220 Rs — isso ainda em alvissareiras condições, pois quando nos arredores de Bridgetown deixa o vento de varrer a pequena ilha, os moinhos param, os 185.000 negros cruzam os braços (muitas vezes até a despedida do dia), não mais de 2 ou 3 *pence* embolsando ao fim da jornada.

Tal soma, mesquinha, ainda lhes é suficiente para a aquisição de grande quantidade de *sweet potatoes* e *flying fish*, de que se alimentam durante a vida inteira.

Em Port-of-Spain, San Fernando e La Brêa verifiquei ser muito baixo o salário pago aos *coolies*, oriundos da Índia e aos próprios ilhéus, quer na exploração do cacau e banana, quer nos misteres da purificação e embarricamento do asfalto da grande jazida do Pitch-lake, quer nos trabalhos da rede de canais para a irrigação das terras áridas ao longo da *Trinidad Government Railroad*.

Em Demerara a miséria é ainda maior e o braço inferiormente recompensado: a cana de açúcar dá um rendimento quase nulo e o ouro das margens do Mazarum tem a exploração de tal sorte dificultada, a ponto de franquear tão somente desvantagens ao cavouqueiro.

As jazidas auríferas de Paríma, Potaro e Morawhanna são as que lutam com menos embaraços.

É, portanto, óbvia a enorme vantagem de que a borracha, o cacau e o açúcar das índias Orientais e Ocidentais gozam sobre os similares brasileiros, vantagem que pesa como poderoso fator na concorrência e se lhes mostra uma benfazeja proteção natural, capaz de embaraçá-los a cada tentativa de rivalidade.

*****

Urge que tantos outros moços da competência de V. Exa. to-
mem os livros e estatísticas, se lhes assenhorem das modernas
doutrinas e em seguida se encaminhem para os pontos estrangeiros
de similares culturas, com o fim exclusivo de observar e deduzir, tal
como V. Exa. o empreendera através das índias Orientais, de torna-
viagem fazendo-se de livro falado — já em conferências dizendo ao
industrial o que lhe compete experimentar em benefício de melhor
cultura, já em panfletos e jornais, estimulando-os, induzindo-os às
medidas mais eficazes. E no caso de indiferentismo do industrial, por
parvoíce, contumácia ou reflexão dos *costumes* alfonsinos, que esses
moços, de teoria sagrada pela observação e experimentação práticas,
incitem o Poder Público à intervenção, na espécie, em prol das rendas e nome do Estado.

A melhor face do protecionismo está justamente em facilitar
a mais breve colocação dos produtos, senão em criar-lhes portas de
vazão, pois a falta de mercados consumidores é o intransigente ad-
versário do industrial, fator do definhamento acelerado que lhe
motiva a queda desastrosa.

Para deixar a produção passar, muitas vezes quando ignora-
da, é preciso fomentar-lhe o consumo. Isto se obtém por um meio
único: despertar a curiosidade do consumidor sobre a natureza, excelência e barateza dos gêneros produzidos. É a grande sabedoria do
norte-americano!

Então, a medida primeira consiste em reduzir o preço da ocasião, para assim aumentar a avalanche dos consumidores; depois,
despertar a curiosidade dos que lhes são infensos, por desconheci-
mento, por meio do veículo posante do *reclamo*.

Espalhar prospectos, colorir anúncios em oitões de casas, por
cima dos telhados, entre os pés-direitos dos altos pórticos dos edifí-
cios que mais chamam a atenção dos transeuntes, ilumina-los à
noite, ligá-los invariavelmente aos *bonds* e às costas dos párias, nas
ruas, nos jornais, em avulsos, à *american fashion*, ao invés da mal-
entendida gravação exorbitante dos similares estrangeiros, degene-
rada ao mais das vezes na asfixia do conceito de um povo, pelo
arraigamento ao absurdo tornado lei — eis o que urge promover com
perspicácia. O seu resultado é infalível e bom.

Jamais tem deixado, nos grandes centros industriais do mundo, com especialidade no assombroso colosso Norte-Americano, de satisfazer em toda a amplitude à complexidade do problema econômico.

A quase totalidade das empresas industriais dos *yankees* assenta, no reclamo engenhosamente feito, o sucesso aposteriorístico de suas deduções estatísticas. Companhias à que despendem mais de um terço de seu *authorized capital*, em anúncios de toda sorte, alguns onerosíssimos mas faustosos; outros baratíssimos, mas espalhados indefinidamente.

O processo seguido entre nós, nenhum benefício mostrando e somente revertendo em favor das arrecadações aduaneiras, para logo adquirir uns traços odiosos de egoísmo, preme a população inteira e em nada favorece diretamente àquela indústria que se debate em dificuldades. Só em reduzidíssimos casos deve ser aplicada uma tal medida.

É falsa a hermenêutica econômica de desviar, pelo absurdo, o curso de uma corrente. Criar dificuldades ao contendor de quem se sente quase esmagado por tantas mais, certo não vale tanto quanto o criar-lhe diretamente vantagens maiores.

Quem se sente vergado ao peso de mil embaraços, na espécie, apenas poderá sentir aquele prazer moral da existência de um *consolo nos males sofridos por muitos*, mas nunca um alívio real, inconteste, positivo, se aquele peso lhe não for relevado em intensidade. A diminuição de $1/4$, nas dificuldades letíficas que oprimem a uma indústria, vale muito mais do que um aumento de $3/4$ nos embaraços à concorrente estrangeira, sem embargo da enorme diversidade entre estes coeficientes.

No Brasil, infelizmente, os economistas que leram uma vez o Leroy Beaulieu e logo se sagraram de flamíferos méritos irrivais, ainda não quiseram entender tal verdade, as suas ideias estando nos moldes daqueles métodos de negócios portugueses — comprar por a e vender por $a + x$.

Se a elevação das taxas não traz bons resultados ao industrial, traze-o aos cofres públicos! A renda aumenta e isso é bem melhor do que a prosperidade daquele. Ademais, se um quebrar, ocasionando o fechamento de portas, alguém virá, breve ou tarde, que as abrirá, para fechar de novo...

E o ciclo das *quebradeiras*, deixando a salvo o Estado, encher-lhe-á com desproporcionada fartura, à guisa de celeiros, os cofres de bocas eternamente abertas...

Em tais condições, à proporção que se verifica o crescimento da produção de uma indústria indígena, para logo se lhe pressupõe larga prosperidade, resultante de lucros fantasiosos, círceos, e se lhe cria um acréscimo de $X\%$, ouro, sobre os gêneros colhidos ou manufaturados.

O fato de *quem mais tem mais pode pagar* explica o aumento de impostos. Se, ao contrário, se verifica o crescimento do *stock* de produtos nacionais, em primeira mão, as vistas legislativas caem sobre os similares estrangeiros, com visos de esburgá-los, tomadas do regozijo de maiores entradas para os cofres da Fazenda: disfarçam, desse modo, obstruir-lhes as válvulas de penetração e conservam, em toda a plenitude, as muitas taxas onerosas que motivaram a formação do mesmo *stock*, quando para elas é que se deveria voltar a inteira atenção dos legisladores.

A dificuldade persiste, pois nem se alargou uma porta de passagem para os produtos amontoados, nem se os impulsionou em boa direção, tão somente se tendo obrigado ao povo, em seu próprio nome!, a adquirir por mais caro preço os similares importados. Assim, tem-se-lhe, em realidade, apenas dificultado as condições de vida!

Em suma, o governo tem ganho e, em odiosa consequência, o país tem adquirido os foros de cego, funesto, desastrado na imposição dos tributos, enquanto as indústrias, nacional e estrangeira, persistem — uma no mesmo estado de insuperáveis embaraços, outra procurando introduzir os seus gêneros em mercados outros regidos por leis menos egoístas, menos estorvadoras.

Tal proteção é, nada mais, nada menos, do que uma crença estólida, inimiga do povo.

Por parte do governo, protecionismo não deve redundar na aceitação de pretextos de toda a sorte afim de aumentar as próprias rendas, mas na relevância da maior parte possível das gravações, em favor do consumo ou da propaganda de outras fontes de riqueza.

Tudo redunda, ao revés, em um aumento de taxa — e esta tem sido e será, mais uma vez seja repetido, o fator letífero de nossa expansão agrícola e industrial.

*****

Tome-se o caso da borracha. Se o governo inglês tentasse proteger a goma das colônias, à brasileira, sobrecarregaria a indústria manufatureira e em nada serviria a lentidão com que capitais estão ainda agora, pacientemente, a esperar o desdobrar de muitos anos para a maturidade das *héveas* de cultura. Se, além destas inconveniências, tivera o empreendimento britânico, nos *Straits Settlements*, de lutar contra as nuvens de contribuições forçadas muito familiares a nós, como taxa por unidade de área cultivada, *per capita* de trabalho, por número de árvores, por quantidade de goma produzida e de gêneros importados, afora outras mais, em começo multiplicadas, de certo ele se teria afugentado, privando hoje dessa tão próspera fonte de riqueza aos governos coloniais.

Daí o fato singular de afugentar-se do vale do Amazonas o capital estrangeiro, enquanto ele corre cegamente para os mais desfavoráveis campos de cultivo da *hévea brasiliensis*, *castillôa elástica* e *jatropha Ceará*, no Oriente inteiro, entre ingleses, alemães e franceses.

Sei de quem esteja a promover aqui a introdução de largos capitais para o pleno desenvolvimento de cerca de 10.000 milhas quadradas de florestas seculares, no Território do Acre e na zona limítrofe amazonense, das quais se estão extraindo cerca de 1.000 toneladas de goma elástica da melhor qualidade, mas que, dentro de três anos, podem produzir 5.000, se relativamente pequeno capital for franqueado aos seus atuais proprietários, em favor da aquisição de novos braços e mais abastados víveres para a manutenção dos extratores. Entretanto, quando, ao cabo de grandes sacrifícios, toda uma série imensa de desconfiança do caráter e sabedoria brasileiros, é vencida pela irrefragabilidade de argumentos em prol da pasmosa vantagem da remuneração, *a priori* assegurada, do capital a investir naquelas paragens, basta o simples *boato de pretender o Poder Pú-*

blico brasileiro elevar a 40% o imposto sobre a borracha exportada do Acre, rumor esse motivado pela estupidez de um projeto de lesa-compostura ora enviado à mesa do Senado, relevando de 4% a taxa — então reduzida de 3%, mas inda longe de entrar em vigor — para fazer fugir os interessados.

De fato, deixará de haver insânia ou protérvia, servidas pela mais triste falta de decoro, em quem ousa *justificar* um projeto monstruosamente dilapidador, em recinto de homens pressupostos amadurecidos de reflexão, intentando gravar ainda mais um gênero de larga tonelagem, quando os demais representantes do povo têm, *no dia anterior*, convindo na bruteza da tributação infligida e apro-vado uma medida antagônica, descarte autorizando ao Executivo a reduzi-la a 20%, durante todo o período financeiro devido iniciar-se várias semanas mais tarde?

Será propor leis uma traquinice de criança mal-educada, uma paspalhice de velho caturra ou um sórdido instrumento de vingança d'almas tacanhas?

Pese-se bem, com isenção de ânimos, a impressão de espanto que um dislate desse tamanho mastodôntico grava no espírito de es-trangeiros sensatos e imagine-se que integral de qualidades louváveis nos ficam a emprestar!

Sagram-nos Átilas de desatinos e conturbações mentais, Ju-lius Cesares de uma nova jurisprudência de manicômios, autores de *habeas-corpus* em favor de leis e contra leis — pois submeter à dis-cussão uma toleima revogatória de uma lei que, sobre estar aprovada, ainda não lograra existência por não lhe ser chegado o tempo de entrar em execução, é ser inigualavelmente estulto!!!

A revogação de quaisquer dispositivos legais implica a docu-mentação irrefragável de sua ineficácia e tacanhice, consubstanciado com o resultado comprovado e com o avanço pertinente de melhores medidas apriorísticas.

Como negar a doçura de um fruto, se alguém jamais lhe sabo-reou a polpa? E caso idêntico apedrejar uma medida irrevelada, quando toda a gente, mesmo a entidade a mais cerebrina, lhe apoia o espírito sensato e lhe vaticina os melhores resultados práticos!

E legisladores dessa casta e circunspecção, proponentes de

tais dislates, são os que aí pululam e se endeusam com veemência!...

Quando tal não acontece, a nebulosa que obumbra os direitos de legítima propriedade é bastante para pô-los de fora, pois parece incrível que, após quatro anos, tenha ainda o governo da República cerrados os ouvidos aos deveres que se impusera, diante do art. 20 desse dúbio Tratado de Petrópolis, e não cuide de emitir, em atestado de sua *bonafide*, ora convertida em manhosa rapinagem, os documentos comprobatórios dos direitos de primeiros ocupantes ou de adquirentes dos atos possessórios destes, aos bravos industriais que lá residem sob a condenação de intoxicar o físico e de entregar a terceiros, qual outro africano ao negreiro desumano, o produto inteiro de seus sacrifícios.

É sabido que o estrangeiro, especialmente o *business man* da fria Inglaterra, nunca emprega um *penny* sem a prévia evidenciação indubitável do *freehold estate* — e que esta prova, nos casos das ocupações primárias, é apenas substancialmente contida em um título legal, expedido pela primeira autoridade executiva da circunscrição a que está o imóvel sujeito.

Na espécie, é um dever deste fazê-lo sem demora e não um favor, pois que, se ao cidadão cabe a obrigatoriedade de contribuir para o governo, existe, da parte deste, o imperioso dever de salvaguardar-lhe os interesses de qualquer natureza, jamais lhe demorando o mais simples ato, reclamado como valioso ou necessário aos seus negócios, se dentro dos limites e moldes legais.

Isto se observa em toda a parte, mesmo nas mais atrasadas regiões do mundo, exceção feita da República do Brasil — a maior dentre as demais existentes na face do planeta! — onde a grandeza do direito varia proporcionalmente ao peso monetário do portador, à quantidade de simpatia por ele despertada, à nitidez e *up-to-datísmo* de seus trajes, ao espaço de tempo expendido na privança com as altas autoridades, e mil coisas secretas ainda, afora as mostras de servilismo no escutar, de cabeça baixa, ao medíocre feliz que se viu elevado às culminâncias do poder, ou a embocadura para insuflar a fofice, a filáucia ou a bazófia dos movidos pelo *sangue-azul,* iluminados pelo *gênio* crisólogo, mas improdutivo...

Mas cumpre dizer — e o faço com a mais pungente tristeza — que esta seriação de dificuldades é tão somente criada aos naturais desse grande país, a nós brasileiros a quem o nacionalismo se vai convertendo na maior das inconveniências! Senão, vejamos.

O julgamento do direito inconteste de um cidadão, sociedade ou população, é procrastinado para um amanhã que não desponta, ora motivo de zombeteiras galhofas, ora de explosões de uma contumélia irrival...

Raras vezes é sem delongas respeitado.

Essa mesma causa, quando patrocinada por um elemento estrangeiro, é incontinente tomada em consideração, estudada com bons olhos, nela descobertos todos os indícios veementes do direito natural, para logo ser resolvida de acordo com a impetração. Sorrisos e protestos de alta amizade e consideração desprendem-se dos lábios da autoridade para o elemento estranho — flores desses mesmos lábios que pouco antes soltavam frases sarnosas ...

Tivera essa malsinada questão de propriedades do Acre tido a mais leve intervenção de corporações estrangeiras movidas por interesses a ela ligados, e a teimosia e contumélia desse abaçanado *príncipe paulista*, que agora viaja pela Europa mostrando às raças brancas o roxeado de veias dilatadas, triunfais no nariz zulu, não teriam sobrepujado aos bons desejos de um seu ilustre Secretário de Estado, nem mesmo tão raquíticas se teriam mostrado as energias e convicções de um brasileiro glorioso que se teme vir, ao fim, a adaptar-se ao meio, com os seus crimes, em detrimento do seu glorioso pendor hereditário para todas as causas do Direito e da Justiça.

O estrangeiro, já se o acusa de merecer mais, ainda mesmo na contenda com brasileiros menos falhos de razões...

A pedra posta nessa questão, que é o inconcusso atestado do atraso e desfaçatez dos governantes da nação, só será arredada por mãos de quem tenha nascido fora das fronteiras nacionais; e se-lo-á em breve, para vergonha dos que, como eu, sofrem os desastres do país, mas para gáudio dos que amam as insinuações do brilho das lâminas frias ou do negror das bocas de canhões estrangeiros. Se-lo-á, talvez, mais brevemente ainda, quando o acriano sair do marasmo para escachar os famigerados algozes, os *mucuins* que a pátria adotiva, madrasta cruel e ingrata, lhe atirou ao pelo!

No período presidencial último, o egrégio titular da pasta do

Exterior, não esquecendo os princípios do Direito Civil, fez redigir, por ocasião da celebração do tratado de limites com a República da Bolívia, um artigo especial em que os direitos reais, por nacionais e estrangeiros adquiridos nas zonas permutadas, impunham aos governos de ambas as nações a obrigatoriedade de mantê-los e respeitá-los— mas isso foi simples letra morta, pois os seus francos sentimentos de justiça e seu amor à abnegação de compatriotas em prol do nome nacional, foram por inteiro baldados nessa cruzada que outro alvo não tivera diverso de induzir o governo a repetir, em documentos escritos devidos a cada um dos heróis da campanha então finda, aquelas mesmas garantias solenemente asseguradas ao país litigante!

Este, *por não ser profeta em sua terra*, encontrou um paládio nesse umbrífero Tratado de Paz; aqueles embalde impetram igual documento, como uma garantia individual, uma atestação de posse legítima, a quatro longos anos. O então chefe do Executivo não na deu porque tivera o intento de, *fazendo públicos os direitos privados* de todos aqueles salvadores da Pátria, reduzi-los a metal amarelo e deixar o amontoado em cofres de bocas escancaradas, mercê de mãos *generosas* que o transportassem, com carinho, para os próprios bolsos...

E lá mourejam eles, na instável ocupação primária ou na sucessão dos primeiros ocupantes, como escravos, trabalhando para tirar algum magro resultado afora os robustos 23% da taxa de exportação, sem falar das muitas outras contribuições forçadas locais: sujeitos à ceifa da morte e a deixar os filhos pequeninos numa miséria infinita, espoliados, extorquidos até a mendicidade, pelo primeiro bandoleiro que lhes lance olhares sobre o corpo inerme, tal a falta de instrumentos legais de propriedade como salvaguarda aos direitos de sucessão e herança.

Tem o governo esgorjado, ao limite, do acriano — a borracha produzida, a propriedade produtora, as economias conservadas e o sangue quente, quando a impávida repressão do invasor se fizera precisa.

E, insaciável ainda, é em vão que ele tenta aqui, no grande mundo financeiro, a introdução de capital para o desenvolvimento de suas terras, pois no instante em que as negociações se vão fechar e os títulos de posse lhe são exigidos, atira medrosamente a declaração do Tratado de Petrópolis, como bastante para substituí-los e sofre o desprazer de ouvir, incisiva e vitriolada, embora em tudo pertinente, a réplica da parte.

Esta, nem de leve acreditando na obstinação contumaz do governo do Brasil em não ligar atenção ao caso, acredita na obrigato- riedade explícita (que lhe caberia se tivesse noção de dever e responsabilidade) de emitir os títulos, quando pelos posseiros recla- mados em face de documentação substanciosa de direitos: e para logo concluir- lhe não pertencerem as terras, tanto que se deixara de obter do Poder competente aqueles documentos irrecusáveis, fora tão só pela evidente compenetração íntima de se não ter sentido se- quer com equívocas razões para os impetrar.

Tem-se deste modo parado nesta praça um sem número de negociações vantajosíssimas para o país e suas indústrias, com a grande inconveniência de irem dia a dia se arraigando no espírito do público britânico os temerários conceitos sobre o caráter, aptidões e sentimentos brasileiros. Granjeamos-lhe o conceito contumelioso de semelhantes ao velhaco...

Os jornais financeiros a cada instante nos atacam com desa- mor e bruteza, criando os mais sérios embaraços às nossas operações bancárias, numa violenta insinuação à inépcia administrativa até hoje patenteada, ao egoísmo nefário das taxas, ao desrespeito aos di- reitos mais evidentes e mais sagrados, pondo-nos a nacionalidade no mesmo plano dos autóctones negros da Abissínia e Zululândia!

É doloroso confessá-lo, mas tão irrefragável é esta verdade, que ocultá-la seria um crime, máxime quando apenas me move a boa intenção de alertar as altas autoridades do país contra o perigo de sua inércia, contra o mal de sua intérmina alheação ao nome nacio- nal no estrangeiro, em prol exclusivo dessa politicagem estreita e indigna — ferida pustulosa ainda mais depressora de nosso conceito — a servir aos mais ineptos, desde a ocupação das altas posições até ao transporte das riquezas do erário público para os cofres particula- res, nesses repetidos *déficits* aqui tão negramente comentados...

Mesmo agora, quando ligeiros rumores se ouvem sobre o em- préstimo de três milhões, antes da publicação do *prospectus*, o *Financial News, Financial Times, Financier, Daily Mail, Tribune,*

Times, Telegraph, e tantos mais arautos da opinião pública, a que significam convicções e prestam argumentos, apesar de convir na grandíssima vantagem de 5% de juros ao tipo de 95%, emprestam mil invectivas ponderosas, derivadas de fatuidades, estreiteza de vistas e, quiçá, absolutismos administrativos nossos, e advertem ao público para, examinando com muita cautela o fim desse empréstimo, nada subscrever nesse *arrangement of a Brazlian loan — ticklish affair in view of the coffee valorization heresy, which has discredited the country.*

*****

Realmente, um Convênio de Taubaté basta para o sacrifício de um conceito. Se a safra do café cresce em progressão arimética, todo o ano, e o *stock* dessa rubiácea, no estrangeiro, desenvolvesse na mesma proporção, o plano da valorização, concebido e intentado, é arteirice de criança destituída das mais rudimentares noções econômicas!

Ensaiar deter o artigo para que a demanda mais intensa lhe motive a oferta mais alta, é negar a inevitabilidade da baixa imediata, quando a avalanche amontoada invadir o mercado, imprimindo-lhe um movimento de retorno às circunstâncias iniciais. Queimar parte dele, à imitação impensada do que na América se fizera com o algodão, é, por outro lado, uma *paxecada.*

É não ter o critério preciso para a investigação, afora o dispêndio inútil no colher e beneficiar a rubiácea, para ao fim estragá-la. Seria melhor não o fazer.

Ademais, pretender que tendo a fonte e lhe não aproveitando o gênero produzido seja uma medida de salvamento, é uma estreiteza de pensar.

Se em uma safra o bom resultado se aparenta, na seguinte se contradiz em toda a plenitude. A arvore produtora lá está e ao fazendeiro nada previne colher o fruto que a terra lhe oferece.

É a insinuação do *querer mais...*

Todas as tentativas seriam irrisórios paliativos: conteriam em si os germens da própria dilapidação.

Com o algodão a medida provara bem, na aparência; daí o erro da imitação. Houve na Europa um *stock* temporário — e como pouco depois se acentuasse (em presente dia a dia mais se intensificando) a falta desse artigo malváceo para o consumo universal, a ponto de organizarem-se congressos internacionais para cogitar-se de como evitar os grandes decréscimos da safra, ou garantir, pelo ensaio do cultivo em outras paragens, a tonelagem exigida pelos manufatureiros, o produto tem, com justa razão, encarecido.

Motivou-o a escassez para as dimensões amplas do consumo e não a queima de muitas dezenas de milhares de sacas, por isso que uma medida dessa ordem serviria tão somente a uma safra, encontrando-se a seguinte a braços com as mesmas dificuldades de superprodução, única fautriz da queda de preço...

Não há alternativa para o café: o plano de valorização sensata consiste em alargar-lhe a aplicação. Para isso o veículo exclusivo é a propaganda pelo anúncio.

Os Estados Unidos são o melhor e mais largo campo para a colocação do café, embora este, até o presente, lá tenha sido pior aproveitado. Não o sabem preparar. Cumpre disso advertir ao povo e mostrar-lhe como fazê-lo.

A bebida dele derivada é verdadeira decoada, estranha lixívia de um café mal torrado em infusão com outros corpos diversos, desprovida de sabor agradável e confundível, em aspecto, com o chá do Ceilão...

Aos interessados, em *trust*, e não no governo, à guisa de bufarinheiro, incumbe fazer anunciar em ruas, esquinas, logradouros de toda a sorte, hotéis, topos de casas e veículos, de modo sugestivo e engenhoso, como preparar o saboroso café e usá-lo; difundir reclamos por toda a parte, ao longo das estradas de ferro, em toda a largueza da grande República, no interior dos vagões de comboios a vapor e elétricos, bondes, ônibus e qualquer sorte de veículos, em jornais, *magazines*, profusamente, como lá se faz com tudo o que há de mais simples e menos importante...

À propaganda incessante, desenfreada, charlatã, o rival artificial do café— *Postum* — vai ganhando terreno e vantagens dia a dia, à holandesa, conquistando linhas, palmos, jardas, à maré inimiga, empuxada pelos similares solidamente edificados no conhecimento e na aceitação.

Toda a gente que se locomove pelo *elevated, street car* ou *subway*, lê em cada canto: *The change from coffee to Postum is a step toward better health. — Steady nerves bring success. Quit coffee and use Postum. — Amiability wins friends. Leave off coffee, use Postum. — If coffee don't agree use Postum. Food coffee.* — Tudo rematado com o estribilho *There's a Reason* em caracteres enormes, ao alcance dos mais míopes... E tão repetidas vezes deparam-se esses artísticos anúncios aos olhos, que afinal a curiosidade do passageiro, tocada, aguçada, compele-o a experimentar o preparado.

Transitam diariamente milhões por aquelas três vias, somente na cidade de Nova York: são tantos milhões a quem os cartazes falam, com magia e loquacidade e insistência, na solitude do transporte, acabando por assegurar centenas de milhares de experimentadores... É a vitória da presença...

E o artigo anunciado, por mais desenxabido e medíocre que seja, vai, em caudais, das fábricas para as mercearias, armarinhos, boticas, hotéis...

Por que os industriais do Brasil, ao influxo da boa-vontade do governo e bons ofícios das chancelarias, não tem empreendido o mesmo, mantendo na América e Europa comissões de propaganda prática e sábia de seus produtos?

"Drink coffee made in the Brazilian style. — It is the best and the healthiest. Apply to Coffee's Propaganda Office for free instructions and follow them, so as to have your coffee perfectly made".

"Leave off tea and try a true Brazilian demi-tasse after your meals. — It is delicious and its flavour lasts" — são frases precisas de ser marteladas aos ouvidos de toda a gente!

E o americano e o europeu, acostumados a sorver a sua chávena d'água-suja pela manhã, com o almoço leve e a não mais usar a sua tibornice nesse dia, irão ensaiá-lo. Certamente lhes sabendo bem o preparado nosso, tê-lo-ão duas vezes mais ao dia — o que quer dizer, a média, por indivíduo, triplicará.

Então o consumo total multiplicar-se-á, trazendo maior demanda e implicando melhores ofertas — fato que virá favorecer, na conformidade dos preceitos econômicos, a elevação de preço por parte dos produtores. E destarte lograr-se-á sucesso no prélio em benefício desse primo produto indígena, para que o governo arquitetara essa valorização esdrúxula — restringir o consumo pela carestia e ao mesmo tempo aplicar-lhe toda a safra!...

Assim se compreende valorização, eficaz e real, pelo uso mais pronunciado, consumo mais avantajado do artigo — e não por sua detenção temporária, na puerilidade ridícula do que se vai teimando levar a cabo, aos esgares de uma toleima digna de uma estema fuliginosa, como prêmio...

Esse plano incôngruo, absurdo, afora ter dado ao Brasil o emprego de mascate ambulante e trazido as emoções de leiloeiro caipora, a vender a varejo sacas de café, regateando vinténs, tem servido a alguns dos países limítrofes para um palpitante estímulo a seus agricultores. A Colômbia, onde de há muito se abandonara o cultivo daquela rubiácea, sentindo que a posição assumida pelo país bufarinheiro nosso rasgara largas vantagens aos competidores menores, acaba de revigorar as indústrias do café e borracha com o estabelecimento de prêmios cobiçáveis a quem os exportar, assim revelando muito mais criteriosa noção administrativa...

Ao contrário do que aí se fez sistemático — sugar ¼ dos gêneros produzidos antes de embarcados para os mercados estrangeiros — aquela fraca República vizinha não só os releva de ônus, como procura haver do exportador indígena, do modo mais garantidor do cumprimento, a promessa de continuar em proporção ascendente os embarques, mediante uma contribuição monetária que, sobre ser tentadora, é sempre de bom grado recebida...

Mas, ao contrário de propaganda, aí se procura a todo o transe cercear a expansão dos produtos nacionais, na acepção lata do termo. Os vapores do *Loyd Brasileiro*, por exemplo, que têm obrigação de fornecer a seus passageiros, mormente nas viagens para o estrangeiro, a verdadeira bebida indígena, pura e saborosa, são incontrastavelmente os pontos em que se encontra a pior lixívia no mundo, a título de café do Brasil!: entram-lhe na feitura todos os ingredientes imagináveis, desde o milho, o arroz, a manjerioba, o grãode-bico, etc, menos o café, tão abundante e barato no país... É a mania de *economizar* para não causar diminuições na exportação...

Da situação mais aparvalhada e menos digna em que de moto-próprio o Brasil se colocara, derivam-se o achincalhar dos seus processos pelos *leading* jornais estrangeiros e as acordadas investidas contra as aptidões e senso de seu povo.

Disso sobrevém toda uma gradação de conceitos, até ao ataque insólito, virulento, brutal. O *Financial News*, em se dirigindo, ainda ontem, a Sir Edward Grey, ministro de Estrangeiros, a propósito da contenda sobre a Nova-Hamburgo, diz que o Brasil, violando direitos de nacionais e espoliando súditos britânicos, é um país de selvagens, que não conhece nem merece pertinência de argumentos; antes, a intervenção sumária dos canhões dos formidandos *Dreadnoughts* e demais *war-dogs* de Sua Majestade. Certo, estas *espanholadas* do jornal londrino nada importam, mas deve causar desagrado, a nós brasileiros, qualquer ataque dessa natureza, máxime quando muita vez a consciência nos aponta uma robustez de razão ao lado do contendor.

Enquanto se desenrolam e crescem tais odiosidades contra nós, a chancelaria do *South Gardens* significa o mais triste indiferentismo aos ataques e não vem em público contrapor-lhes argumentos, nem mesmo no caso de absoluta inverdade dos conceitos emitidos sobre os tantos casos adulterados!

Discrepando levemente da síntese forte do triunfador romano, em seu celebrado *Veni, vidi, vici,* os nossos emissários lá tendo chegado e visto, fizeram-se apáticos.

E sepultaram-se na modorra...

E o fleugmático público inglês, que esperou o rebate às investidas acordadas, correu os olhos de alto a baixo nas colunas dos jornais diários, francas aos *comunicados*, e nada se lhe deparou em contraposição aos inconvenientes avanços, aos deprimentes conceitos sobre o país inteiro, fica certo de que a mudez nos fez de réu confesso, desprovidos de ânimo sequer para articular um disfarce, um *mas* sofístico; acredita na plenitude das asserções, na pertinência das conclusões deduzidas e cedo vai aumentar a legião dos maldizentes, repetindo — sem pejo e pleno de convicções — aqueles fatos torcidos e aquelas consequências de má-fé, deixados, pelo impatriotismo desidioso nosso, triunfar e crescer, e após envenenar a todo o organismo financeiro londrino...

*****

Será para a mudez bocejante das esfinges que o direito internacional criou a diplomacia ou para os medalhões, afilhados de *alcaides-mores*, que o povo brasileiro, premido pelas intensas tributações, sustém as figuras dos *dandies* com esse *smartismo* apenas vantajoso para despertar nos *boulevards* do *Continent* os risos das Traviatas e Cléos, arrastando-os até ao histórico vale do Nilo, a inspirarem fundas simpatias às ourís?

Todavia, um efeito bom de tais passeios se deriva: a passagem desses diplomatas, bem encadernados desde o vínculo da calça estreita — agudo como uma lâmina de espada a ferir o polido irrepreensível das botas — até ao cunho artístico do alfinete da gravata bem posta, de laço elegante, passando pela queda graciosa da sobrecasaca ou do fraque redondo, completado pelas faixas de intensa reflexão luminosa do chapéu de seda, pelas luvas acariciadas nas mãos perfumadas e pelas *nuances* do olhar de chispas, despregador de faíscas como se fora um vagalume ou tivera uma pilha elétrica interna — essa passagem, fazendo nascer uma curiosidade em toda a gente, para logo trazer à baila a nacionalidade do janota e um consequente desmentido do arraigado sinônimo de *mulato fulo*, atribuído a toda raça brasileira.

Embora com relutância no acreditar aos nossos representantes quando, ao fim de um *triunfo pleno*, se declaram brasileiros, a afirmativa vence, o país revela-se e o diplomata tem cumprido *sabiamente*, com patriotismo e amor, através da estardalhante e flâmea pimponice, a alta incumbência de seu zeloso delegado nos grandes centros de civilização.

Mas será somente para, em toda a escala dos engrimanços, bem engravatados e escanhoados, com esmero vestidos (sem lhes faltar a flor da lapela), risonhos e perfumados, mostrando a toda a gente, nos *boulevards* e salões, a tonalidade da epiderme diferente da do africano nato, que os cofres do país reservam o melhor quinhão aos representantes diplomáticos? Ou teremos nós fortes motivos para exigir dos outros representantes a salutar missão dos compatrícios da Embaixada de Washington, vigilantes e úteis aos mais comezinhos interesses nacionais, sem aquela obsessão pela elegância, pelo efeito dos risos, expressão dos olhares e pela irrepreensível estética dos Apolos triunfais?...

É tristíssimo que, numa inteireza de negligência aos interesses e ao bom nome nacionais, se mostrem os nossos compatrícios das Legações, nenhum esforço empenhando em prol desse mesmo país que o luxo e dandismo lhes mantém, e que uma tal alheação às vezes contribua para o fracasso moral do último empréstimo de 3 milhões, oferecido á subscrição ao público britânico, em condições extremamente favoráveis —tipo 95 e a 5%.

O público aqui, não recebendo mais de 3% do Banco de Inglaterra, em condições normais, certo correria a cobrir aquele empréstimo muitas dezenas de vezes, se não fora a desconfiança absoluta tanto em nossas leis, como em nossos sentimentos de dever e de justiça. No entanto, apesar de patrocinado pela importante firma bancária Rotschild & Sons, apenas 50% do capital oferecido fora subscrito por particulares, por *investors* — enquanto um empréstimo para a *New-Zealand*, a 4% e ao par, seria coberto vinte vezes!!

Um outro fato por demais característico é o do capital demandado dos banqueiros de *Wall Street*, em audaciosíssimas circulares, pelo aventureiro De Magali, para com o numeroso de 100 homens armados e equipados, levar a cabo uns fáceis planos de revolta: repelir os 80 negros constituintes da força pública de Ouro-Preto e sem detença apoderar-se do Estado inteiro de Minas, para de seus cofres pagar ao *investor* os melhores lucros imagináveis.

Estava em New York quando me foram mostradas tais circulares, jamais pressupondo que nenhuma criatura de senso, acreditando nas insinuações de ser a *profitable investment* a aplicação de dinheiro em uma tal *empresa*, ousasse satisfazer aos desarrazoados desejos do aventureiro: e não só lhe franqueasse toda a alta soma demandada, como ainda lhe submetesse à chefia belicosa os oficiais e súditos precisos para a tentativa do assalto e pirataria, na esperança de ele cumprir o prometido...

* * * * *

V. Exa. que é moço e cheio de um poder forte de Vontade, temperamento bem diverso da grande mole em cujas veias corre o pouco acelerado sangue português; que tem coroado um intenso amor ao estudo, às indagações capazes de promover o bem do povo, com a observação meticulosa e inteligente das viagens através do Oriente e Europa, vendo nestas minhas palavras a expressão amargurada de quem tem lutado em prol da reabilitação e bom nome nacionais, (sem atribuir nenhum despeito, tão fácil de ser descoberto pelos tolos, porque nada pretendo do governo nem invejo a ninguém) e sempre se tem visto a braços com as mais dolorosas *má-vontade* e *desconfiança* votadas ao solo amado de todos nós — que, aliado a seu nobre coestaduano e colega de ministério, o Sr. Barão do Rio Branco, insinue o chefe do Executivo a atirar de soslaio os olhos em boa direção... E fitando os nossos delegados no estrangeiro, calque esse injusto, ingrato *filhotismo* que os medíocres atiram às alturas, na vertigem das bolhas de sabão; esqueça esse carrancismo estúpido dos velhos em geral tudo merecerem, sem embargo da estreiteza de ideais e de vista, mas longos de cãs e casmurrice — e aproveite os serviços de quem, pela mentalidade, pelo trabalho sistemático ao serviço de indagações metódicas, possa, mau grado a descendência burguesa, honrar o país, na venusta beleza dos moldes republicanos.

Estou certo de que o egrégio filho do Libertador do Ventre Escravo, a quem a gratidão patrícia se acha hipotecada desde a contenda sobre as Missões, se privara de poucas horas os seus patrióticos estudos, no tocante a limites e relações com as Repúblicas irmãs, e as reservasse inteiras à análise de nossos representantes no exterior, muitas chagas ora entregues ao paliativo de Esculápios zoilos veria em flagrante avanço de infecção, com os tantos pólipos parasitários saturados de sânie: e sem demora raspados, irrigados, cortaria todos os elementos maus a golpes de mestres.

Não há altercar: a cirurgia dos pólipos impõe o bisturi ou a ascua!

Novos Esculápios, menos fofos e mais cheios de ciência real, menos indiferentes aos males do grande ser nacional, seriam para logo aproveitados para impulso, honra e ufania de nosso povo.

E isto digo confiante em que S. Exa. apenas implicitamente sanciona o *dandismo* brasileiro, feito diplomacia na Europa, pela ausência da verdade a que o excesso de trabalho ministerial o obriga, faltando-lhe por isso quem, independente e são, veja e diga às escâncaras, ao quadro emprestando a tonalidade apreendida, sem um exagero, sem uma nota ao menos de animosidade ou antipatia pessoal, a ninguém — tal é a dose de justo patriotismo que se não pôde, nem deve negar inerente a S. Exa.

Porque é esse o único vulto a quem a Diplomacia indígena deve um tributo avantajado. Cabe-lhe a soledade do eu, para mais sensível destaque!...

O que fora a pasta do Exterior até 1903 ?

Um simples âmbito luxuoso de lantejoulas e brasões, sem a vanglória das panóplias: espécie de congresso de caveiras e manequins humanos, vestidos à moda do dia, às pegadas da suposta sombra do Príncipe de Gales, sem nenhum objetivo, escorregado nas entonações abemoladas de um francês sem ideias. Feérico anfiteatro onde muitos se congregavam para saudar a mentira convencionada da *habilidade* diplomática; entretenimento de mera aristocracia jactanciosa e boa vazão para os artigos dos perfumistas...

Durante o dia, a costumeira correspondência oficial, velada, ambagiosa, cheia de torcicolos, oca ou moldável às mais obsoletas interpretações. Uma *coisa* imponderável circundada de vestes poliformes; um *nada*, enfim, afogado em palavras multiplicadas!

E o mérito estava em combiná-las à guisa de enigmas ou de quebra-cabeças engenhosos, que fizessem cavalgar fastidiosamente a curiosidade de toda a gente, privando-a de aportar a um termo...

No estrangeiro tivemos sempre nomeada mais efêmera do que as castanhas do Pará! O pobre nome do Brasil era tão só acordado por elas...

Uns tantos membros ilustres nas cortes de arbitramento de Genebra, Washington, Santiago do Chile, sobre serem distintos, não bastavam para a celebração gloriosa da nacionalidade vasta.

Avançá-lo ou pretendê-lo seria protérvia digna de um *brevet d'invention* ...

O Sr. Rio Branco, obscurecido por 20 anos na modéstia do Consulado da detestável Liverpool, foi, num dia memorável, lembrado para produzir a defensa dos direitos nossos sobre as Missões. Fora uma revelação.

Seguiram-se-lhe os triunfos sobre o Amapá. E já quando celebrado e credor hipotecário da gratidão patrícia, mandado para a chancelaria de Berlim, em aplausível antagonismo de posição com a da tranquila chefia de Consulado e rubrica de faturas alfandegárias, naquela estúpida cidade britânica, o Sr. Rodrigues Alves — por um dos bambúrrios ou estupores de ventura, sempre sobrevindos às mediocridades — vendo-se elevado á culminância da República, impetrava-lhe bons ofícios à sua orfandade de governo nascente e apedeuta.

Exatamente a esse tempo, os cearenses do Acre haviam tomado a cargo, sós e sem bafejo, a desafronta dos brios da nação! Um país estrangeiro mandara fuzila-los sumariamente, como *flibusteiros* proclamados!

O herdeiro do nome ilustre do velho Visconde era, na diplomacia de então, a figura única a quem se ligavam vitórias, na espécie. A fronte semi-escalvada e encanecida dizia-o na mais ostensiva grandiloquência.

Não havia vacilar, nem tergiversar: seus serviços de patriota faziam-se insubstituíveis nas aperturas do momento. Por isso, o Presidente recém-empossado os reclamara; mas em tal ato, sobre ter havido a rendição de uma homenagem ao mérito do brasileiro longamente ausente, nenhuma exaltação se implica ao critério do Sr. Rodrigues Alves. Diplomaticamente não era fácil dirimir a disputa territorial sem o César das Missões, embora de fato a Bolívia fosse, como autoridade e força bélica, um cadáver sepulto na região acriana!

O Sr. Rio Branco ilustrou-lhe o secretariado e fez-lhe aclarado o governo. O Tratado de Petrópolis, ante os erros que podiam ter sido evitados e após a restituição da zona apreendida com prêmio de sangue, pelos revolucionários vencedores, situada entre a estipulada fronteira atual do território e às margens do Orton e Tauamano, vale menos do que a inteireza das reivindicações do Amapá e Missões, mas nem por isso lhe deve deixar de ser altamente cotado.

O Acre era indubitavelmente boliviano; nunca fora brasileiro. Como tal nenhum árbitro no-lo daria num laudo sério, sob pena de mentir aos mais comezinhos sentimentos de justiça e de revelar-se venal. Daí o destaque de habilidade do plenipotenciário brasileiro.

Mas o seu grande feito durante a gestão da pasta do Exterior nesses últimos 5 anos, está na divulgação do conhecimento do país no estrangeiro — por sua pessoa e nome e não pelas figuras, enviadas extraordinárias, além... A imagem potente é o perfil leonino do calvo titular...

Ademais, sua diretriz é traçada fora do orbe daquela mediocridade em que a diplomacia tem despregado bocejos seculares. Alveja a hegemonia do continente-sul, que de fato nos cabe, embora até ontem vergonhosamente deixada à Argentina, com o seu terço de população, a tentativa sanhuda para empolgá-la...

É o *regímen* do expansionismo seguido por todas as raças fortes. Só os povos sedentários se contentam com o patrimônio territorial recebido dos aborígenes; os fortes dilatam-no, multiplicam-no. Querer mais é sempre um vívido estímulo para uma nacionalidade, se de tal desejo se lhe derivam largas vantagens administrativas. É o caso dos Estados Unidos na formação sábia da República de hoje e na prolepse de sua perfeição — o país único no mundo que, bloqueado, pode viver faustosamente de seus recursos naturais, sem nenhuma falta experimentar pela privança de importação!

Além disso, sua influência e tática na atitude assumida na Conferência de Haia, ainda há pouco, teve muito mais peso e impulsionara mais fortemente a Pátria, em nobre clareira, do que todos os anais da diplomacia antecessora.

Rio Branco foi o Quincy Adams do governo de 1903-1906, o então Presidente jactando-se, como Monroe, das honrarias de ideias felizes que lhe não brotaram, (nem brotariam) da mente abaçanada!!

Ademais, V. Exa. que estudou criteriosamente o problema da borracha e viu a perigosa competência dos ingleses e alemães, na impossibilidade de interferir em toda a Amazônia, dado o cordão sanitário da absoluta autonomia dos Estados sobre os seus produtos — que insinue o chefe do Executivo a proteger a região acriana, sob a jurisdição federal, com todas as medidas de sensata previdência sobre a sorte de seus gêneros de exportação e todas as garantias sobre o direito privado, desistindo do propósito de ser o De Magali salteador das propriedades de cidadãos garantidos livres e prevenindo a qualquer compatrício, que no estrangeiro intente levantar capitais para esse país, o desprazer dos temerários julgamentos ou os desagradáveis comentários à incúria, caprichos infantis, crimes estupendos e inaptidão governativa de nossos dirigentes, a miúde apontados aqui...

Não pode alguém dizer que o caso do Acre, sobre ser restrito *aos quatro milésimos* da população brasileira e referente aos *charcos malditos,* seja menos importante às vistas do governo da República.

V. Exa., perspicaz e inteligente como o tem mostrado desde a Escola, de certo já lhe apanhou o inteiro *fácies* d'alta relevância.

Contudo, admita duas palavras em respeito.

Sem que insista em fazer-se sentir aos nossos foros de povo civilizado o desaparecimento dessa ameaça de saque à propriedade de acrianos, convenhamos, em primeiro lugar, em que um ato de tal ordem importa em um desmentido aos receios de estrangeiros; implica a consolidação de confiança, fautriz da imediata afluência de seus avultados capitais em benefício da indústria da borracha indígena.

Toda a questão de capitalismo é, de acordo com V. Exa., necessária ao espírito de empreendimento industrial, mesmo entre os países de mais adiantada cultura, pois somente com ele se tem *adquirido certa intensidade,* jamais sendo possível lográ-lo "*sem esse capital que, como tudo mais, não é mal nenhum, para quem dele, em absoluto, carece".*

Faça destas suas palavras sobre as violentas oscilações do câmbio, uma sugestiva bandeira desfraldada à garantia do investimento de capital estrangeiro no país — "*Realmente nada contribuía tanto para esquivar os capitais imprescindíveis ao nosso desenvol-*

vimento, como a instabilidade do câmbio; nem se podia conceber que, salvo garantias especiais, houvesse quem arriscasse os seus haveres, sob a pressão desse fator, por excelência, aleatório" — e brasileiro nenhum lhe regateará as palmas da benemerência, pois a instabilidade do câmbio não afeta tanto a dignidade coletiva de um povo, quanto o saque à propriedade privada, visto que um lhe independe da vontade, enquanto o outro lhe é obra de exclusiva responsabilidade, órfão de sentimentos de direito e justiça!!

Em segundo, o melhoramento particular da confecção da borracha amazônica, no ato da defumação, afim de mais longe não ser levada a incúria à perigosa concorrência das Índias Orientais, Samoa, África, América Central, México e Índias de Oeste, fato que se revela exclusiva função do capital devido adquirir para o ensaio e emprego de melhores processos, embora auxiliado pelo abaixamento das taxas de exportação, condições de vida industrial, de comunicação e transporte...

* * * * *

Urge que a *Para-rubber* tenha mais elevado coeficiente de rendimento industrial, afim de quebrar essa diferença de 0,17 entre o atual e o das Índias (0,81 e 0,98). Quando isso acontecer, a borracha ter-se-á consolidado nos mercados consumidores, em virtude de sua inigualável elasticidade, e, em tomando o lugar primeiro, sob todos os pontos de vista, terá *ipso facto* obtido a mais alta cotação na concorrência com as similares de plantio.

Então os justos receios de sua interrogativa — "amanhã, a nossa borracha silvestre não será sobrepujada pela cultivada, cujo custo de produção já lhe é, a todos os respeitos, sensivelmente inferior?" — terão desaparecido e o salvamento da riqueza desbordante do Norte, ora em eminentíssimo perigo, terá glorificado a sabedoria do propugnador da campanha.

Se em presente dois fatores grandemente não a favorecem — a primazia da produção e a inigualabilidade elástica — é necessário aprimorar-lhe o fabrico, estendendo-o até ao cultivo metódico, cientificamente experimental, não mais nos deixando jazer no processo primitivo, em grande monta ainda hoje não modificado senão pela carência de recursos para o ensaio de melhores, em proporção mais farta, e pela pieguice à moeda e estranho amor aos legados dos umbrosos tempos inglórios da Metrópole...

Ademais, é fora de dúvida poder o Território do Acre, por si só, produzir a mesma quantidade de goma elástica que a Amazônia inteira tem exportado (cerca de 37.000 toneladas).

Essa produção provável será função exclusiva do aumento de industriais, da abertura de uma enorme corrente imigratória radicada à terra pelo *homestead* e garantida contra toda a sorte de espoliações, do mais breve estabelecimento de núcleos coloniais onde hoje existe, desabitada, a choça do seringueiro audaz, combalido mas vencedor. Isso implica apenas em uma pouquidade de capital a aduzir, pois ao invés da tendência *para cento por cento do imposto*, em presente arrecadado pela União, o fomento à aquisição do mesmo nos grandes centros de finanças do mundo permitirá ao governo a evidência do crescimento das rendas do riquíssimo Território.

Faça o Poder Público com que o acriano comprove a grandeza e indiscutibilidade de seus direitos possessórios, reduza a taxa a 10% e a União, ao invés de ter 23% sobre 9.000 toneladas, à razão de 4sh 3$^{1/8}$ d por libra (média das mais baixas cotações mensais nos 10 últimos anos, de Novembro de 1897 a Novembro de 1907, ou seja £987.750 (1 ton —£477-3-4), teria 10% sobre 30.000 toneladas mais puras, muito melhor fabricadas, as quais, ainda no caso de obtenção de igual preço, dariam £1.431.500.

Verá portanto V. Exa. uma larga gama de vantagens industriais derivar-se da prática destas medidas e os capitais então convergirem para a vastidão do território, na ansiedade de aplicações rendosas, como correm em presente para a Malásia, Siam, Samoa, etc e não será mau o resultado de medidas que fazem criar toda a sorte de empresas em espantosa flutuação, impulsionando a cultura mirífica da terra...

Tal movimento é a melhor e mais eficaz propaganda que o Brasil pode fazer no estrangeiro, pois enquanto se não dissipar a dúvida de lhe escassearem sentimentos de justiça, persistirá o desmesurado empecilho que lhe entrava a magnificência e rapidez do progresso. À heresia das valorizações pela imposição, ao consumidor, de adquirir mais caro, ao contrário de mais barato, para assim mais facilmente colocar a produção abundante, prefira-se a propaganda de leis igualitárias que protegem e não saqueiam, rejuvenescem os esforços empreendedores e não nos estiolam...

Não conheço região alguma do mundo talhada para mais acelerado desenvolvimento do que essa pelo cearense valoroso incorporada ao patrimônio da República, pois além de principal centro produtor da matéria prima mais procurada pela indústria moderna, tem um sem número de riquezas outras capazes de fornecer extraordinários lucros, como as madeiras, palhas, fibras, cereais, castanhas, cacau, óleos, látex de toda a família das *payenas*, aplicável na feitura da guta-percha... faltando-lhe tão somente decretações justas, ou melhor, a ab-rogação dos arreganhos nefários, ab-reptícios, dos arlequins saídos dos recintos legislativos, sob a capa de leis, para devastar, a golpes de alfange, o campo vasto da atividade industrial patrícia!

Região que conta menos de trinta anos, desde a primeira batida dos autóctones pelos esquálidos cearenses, escorraçados do torrão pátrio de 1877 e 79 até o presente, inteiramente descurada de protecionismo, mas pelo Governo equiparada aos quartéis no regímen atrabiliário do sabre e da chibata, o Acre já tem adquirido o quinto lugar entre os mais ricos Estados da República. O exclusivo artigo ora de lá exportado é o tipo-padrão da borracha; fez-se de standard, registra mais intensa procura e obtém o mais alto preço, se desprezados os avantajados coeficientes de quebra e impurezas.

No entanto, as medidas governamentais não o protegem e o Território afoga-se em uma caudal de letíficas dificuldades.

Suas fabulosas riquezas são invejadas pelos mais entusiastas adeptos da cultura euforbiácea empreendida nas colônias britânicas: e embora estes não desconheçam nem neguem estar a Amazônia inteira em condições de poder produzir para mais de um *milhão de toneladas* de borracha da melhor qualidade conhecida, nem por isso se intimidam com a amplitude imensurável, o vulto desproporcionado da possível competência, pois que lobrigam na persistência da falta de discernimento entre nossos legisladores, o maior protecionismo para seus investimentos, no gênero.

A concorrência será mortal aos fomentadores do plantio da hévea no Oriente, ainda hoje, se providências devidas forem mandadas executar — pois a maior porção e a melhor qualidade estando de nosso lado, tanto basta para que incontinenti seja a outra expelida do consumo.

O raquitismo da produção cultivada ante a exuberância da safra silvestre amazônica, será tão ostensivo, que nem ao menos poderá influir nas oscilações de preço...

Ademais, sendo assim preponderante, a das nossas florestas marcará cotação para a de procedências asiática e africana, e, acabando por asfixiá-la, manter-se-á em seguida, sem rival, nos mercados e centros manufatureiros.

Todavia, tendo nós ao alcance todos os meios rápidos para levar de vencida a rival, estamos sendo por ela estrangulados de um modo comprometedor dos pretendidos foros de povo inteligente.

A chamada *white crepe* do Ceilão obtém 20% a mais que a *Acre-hard-cure,* a melhor do vale amazônico, por unidade de peso, sem embargo dos manufatureiros julgarem-na de resistência e elasticidade inferiores às da última.

É isto o triste efeito da falta de industrialização do látex da *hévea* na Amazônia: o alto imposto fê-la de exclusiva fonte de aventuras, degenerando em destruição o que deveria ser metodizado.

O córtex das seringueiras fora sempre para os imigrados da Amazônia uma espécie de jazida aurífera, cujo filão — os vasos latescentes — eram procurados e cortados com o mesmo furor de ambição com que os *gnaisse* o eram pelo cavouco dos mineiros, em demanda dos fugidios veios fabulosos...

Parecendo aos garimpeiros dos pântanos provar bem o esforço pela aquisição do ouro elástico, sem embargo da aventura devida e dos malefícios dolorosos levados à família da *hévea brasiliensis,* a fama, a notoriedade, as riquezas desbordantes menos veridicamente amontoadas em mãos do aventureiro do que os micróbios do paludismo em suas veias, todas correram mundo, fantasiaram-se em brilho, ergueram-se em desproporcionadas dimensões, mirificaram-se — e o Estado, raquítico, quase exangue em sua fase nascente, para logo integrou os egoísmos desvairados de que todos os caminheiros dos seringais palúdicos se achavam possuídos. E, ao invés de correr em garantia da perpetuidade da riqueza da Comuna, acalentou a ideia de extorsão e de roubo: correu a associar-se pela força bruta aos lucros dos novos bandeirantes, atirando-se-lhes ao gasnate, como um possesso, e os enlaçando na corda asfixiante da brutal e desonesta tributação.

Fechou olhos à destruição, permitindo que a ignorância de esburgarem todo o lenho das árvores ocasionasse maior derramamento de látex; tampouco cuidou da mais intuitiva prescrição científica e adormeceu ao prêmio crescente de sua extrema desídia.

As árvores, feridas no âmago, mortalmente, vertiam a mesma quantidade de seiva que dariam sem danificação — e do látex, uma vez apanhado e coagulado, lucro certo se derivaria. E o banquete dos gaviões teria suntuosa imponência, os barés cantariam endeixas das malocas, ao efeito da cachaça de Pernambuco, e as árvores, ante isso, que murchassem e morressem, se tal lhes soubesse bem e aprouvesse...

Fora um verdadeiro alcouce...

Sobre ser-lhe alma o garimpeiro dessas novas gemas láteas, fora sempre a ele que o menor quinhão coubera! Tornava das matas impérvias amarelecido pelos hematozoários de Laveran, picado dos *piuns e carapanãs*, coberto de feridas ora infligidas pela flecha dos aborígenes indomáveis, ora pelos espinhos dos muru-murus, intoxicado e desalentado — e, sem ânimos para reagir, via com tristes olhos, sumidos na face das órbitas enormes, o bando depredador cair-lhe de chofre sobre o bolo, dividi-lo, raras vezes o contemplando na partilha para deixar-lhe ao menos um saldo infinitesimal!...

Desde o Estado e a Municipalidade, passando pelo patrão, aviador, agentes de seguros, proprietário do navio, consignatário, carreteiro, cortador, exportador, até aos vigaristas e às sórdidas meretrizes estrangeiras, de secular tirocínio, a divisão se ia fazendo em grossas porcentagens... E, ao fim, muitas vezes sem recurso para combater, através do médico e da farmácia, os micro-organismos arruinadores da economia interna, era ele forçado a voltar, sobre as recentes pegadas, ao seu averno de círceas esmeraldas, em busca de maior porção de goma elástica libertadora, resignado e esquecido de que a esse tempo a roubalheira seria muito maior!... Dentre aqueles associados, a meretriz era a única desprovida de ingresso oficial.

Ignorando a quaisquer prolegômenos ou intuitivos axiomas da botânica e agronomia, e dominado pela ideia de coletar mais leite, era obvio atirar-se sem dó às indefesas seringueiras, esburacando-as, desnudando-lhes o lenho, esburgando-as, no propósito de mais cedo aportar ao horizonte visado.

Mas, a floresta secular dos pântanos foi a tenda infinita de sua escravidão, as maleitas o azorrague cruel e a dívida fantástica, umbrátil, em que cedo se viu enterrado, a cadeia, o jugo opressor ligado ao pé, prevenindo-lhe a fuga e predispondo-o para o baque em um Létes mais ominoso, mais horrífico...

E nunca mais o astro undiflavo da liberdade lhe brilhou aos olhos.

Afundara-se em odioso e pungente cativeiro!

Transferindo as esperanças de redenção para um eterno amanhã, confiante todavia na moribunda reação dos músculos relaxados, foi insensivelmente perdendo a noção de resistência, a afoiteza indômita, a consciência da realidade lúgubre... E um dia, em sua Sibéria malsinada, retesou num supremo esforço os músculos cansados, pairando o olhar baço sobre os trifólios da *hévea* lobrigados no terreiro da barraca: e deixando tombar da mão fria, descarnada, o machadinho — fatal companheiro de destruição e surda testemunha de suas mágoas — cerrou as pálpebras à luz, deixou também escapar, furtiva, uma magra lágrima derradeira, ao soluçar dolente das saudades do berço flâmeo cearense... e suspirou.

Lá fora, muito além da curva de jusante do rio silente, os *esperadores* enamorados da abundância prometida, nédios e enxundiosos, andavam pela chegada do bolo elástico, cruciando como corvos esfaimados.

Ao trespasse dos pobres-diabos que subiam os rios ignotos, selvagens e mefíticos, cantando utópicas esperanças, os salteadores mostravam-se de todo indiferentes. A borracha viria, custasse o que custasse!

Manaus era a garganta estreita, obrigatória; lá iriam ter todas as embarcações, bom ou mau grado dos carregadores!...

A goma elástica produzida por organismos imbeles não baixaria com eles à vaza da sepultura aberta nos igapós; antes, às fauces dos porões bojudos dos *gaiolas*. Transportá-la aos mercados exportadores era a solução única. Quanto à rapinagem, a prática nascida ao momento do exílio da dignidade individual em Marapatá, mostraria como pô-la em ação, sem dúvida restar em atinência ao ótimo sucesso...

A quantidade em peso cresceria indubitavelmente, pois os *parvenus* seriam os primeiros a fazer ecoar as trombetas da fama do ouro elástico, em amiudadas viagens às províncias do sul, na tagarelice de exemplificarem com as próprias fortunas *honestamente* feitas da noite para o dia, destarte compelindo os míseros incautos à escravidão horrífica, através dessa outra miragem californiana...

Ademais, para que melhor pasto do que a vastidão do Ceará exsicado, batida rijamente pela canícula?

Lá estavam todos os elementos desejáveis: rijeza de músculos e temperamento admirável para a batalha dos pântanos; fecundidade prodigiosa para a garantia das levas migratórias; confiança infinita na fera humana daquelas sociedades podres, para prevenir-lhes a sacudidura do jugo e esganar aos ladrões; inconstância de invernos no torrão natal para os levar gloriosamente à aventura, ao invés de sucumbirem de fome nos sertões esbraseados, às carícias de abutres agoureiros!

*****

Aí estão os traços de força da Amazônia.

O homem e a seringueira foram as constantes vítimas imoladas aos sátrapas da governança e ao seu avantajado séquito.

A sinecura em tempo nenhum deixou de ser apanágio de quem habitou Manaus. Algum melhoramento que essa cidade hoje apresenta é, como a flor do lótus egípcio, o fruto sazonado de grossas falcatruas durante longos períodos de desmantelamentos oficiais.

Era forçoso, de longe em longe, trazê-los a público como um disfarce aos delitos e um pretexto para futura reivindicação dos foros

77

de benemerente e utilitário...

E por isso esses detentores do poder, habituados a largas margens para boas transposições de *arame*, das Recebedorias para os cofres caseiros, ainda não quiseram fazer descer da elevada altura o imposto famigerado. Tais transposições *honestas* variam em proporção direta com as rendas públicas e estas são do mesmo modo julgadas em relação à taxa.

A seringueira, nua em toda a extensão do tronco, esgotada, quase sem líber até os 5 metros acima do solo, entrou a definhar, sustendo-lhe tão somente a vida a exuberância de húmus (como acontecera nas Ilhas) e começou a ver-se abandonada, mais penetrando na solidão das matas longínquas, em direção de montante dos rios, as novas e velhas *bandeiras* de imigrantes.

O seringueiro, para logo assaltado por inimigos de toda a espécie e deslumbrado pela alta promessa de ouro, sem nenhuma intuição científica, impossibilitado de observar e indagar com método, atirou-se sem detença às cutiladas desordenadas, à remoção do líber das preciosas euforbiáceas, na faina de lucrativos resultados.

Cada verão ia atrás de seringas-virgens, pois o tronco das que antes trabalhara semelhava ao dorso de jacarés, tais as anfractuosidades infligidas pelo machadinho d'aço...

E durante todo o lapso de muitas décadas, o Poder Público sempre inerme, sedentário, sempre na alheação dos danos presentes e males futuros...

A produção cresceu, todavia, porque em progressão geométrica se desenvolviam o número de árvores danificadas e o número de inconscientes depredadores!

O estrangeiro começou a ser atraído. De todas as nações, portugueses, judeus, ingleses, alemães, franceses, árabes, americanos, italianos e tudo, corriam ao banquete da devastação, como jacarés, jaburus, surucucus, guarás, socós, urubus, vão, durante a estiagem, a caminho dos vastos bancos de areia, dessas *praias* formadas pelos tributários do colossal Amazonas, para a desova das tartarugas e pitiús...

Quando os ecos da fama atravessaram os mares e a vulcanização descoberta por Hancock já era grisalha, súditos ingleses vieram à cata de sementes para, sorrateiramente, distender até as Índias o filão de nossa áurea jazida elástica.

O governo ainda uma vez mudo se mantivera, graças ao espírito conservador herdado dos hermínios... ia roendo o ossinho tutanado do bom imposto e cogitando de como dobrá-lo, em futuro, para obter uma mais gorda arrecadação ...

E nesse *status quo* primitivo, de caníce inglória, encontra-se ainda agora a indústria da goma elástica indígena!... Nesse ínterim mil progressos tem-se revelado em todos os cantos do planeta, as plantações no Oriente, iniciadas em 1877, dobraram o cabo dos 30, sempre indo além, de vento em popa e velas enfunadas... Somente nós paramos!

A culpa toda, com traços de feia criminalidade, pesa sobre o Poder Público.

Tivera indagado, sistematizado as observações e derivado leis protetoras — e a grandeza do vale do Amazonas seria em presente muito mais palpitante do que a brotada do vale de seu irmão-gêmeo Mississípi!!.

O seringueiro não teria visto a miragem e batido em retirada, se escapo da morte: a competência de plantio se não apresentaria, nem a produção desbordante, prevista, teria ficado no campo das hipóteses...

E com uma produção tantas vezes maior, mais largos seriam os recebimentos da Comuna e mais sólidas as condições do industrial; e este de certo se não veria agora em colisão de admitir sócios estrangeiros em seus ramos de rendoso negócio, dando-lhes larga soma nos lucros, a simples troco de algum *working capital* para o desenvolvimento de suas terras, não reveladas ainda!...

* * * * *

Aqui, onde os ingleses investem, sem cessar, no plantio da *hévea* no Oriente, é onde o acriano veio pedir recursos, confessando

79

implicitamente todo o anti-patriotismo dos homens que lhe regem o destino e deixando ressaltar todo o nefário desgoverno que se alonga pela vastidão territorial patrícia...

O *albion* ríspido e sóbrio, egoísta pela infalibilidade do *investment*, prefere sobremodo voltar atenção ao plantio da *hévea* no Ceilão, nos *Federated Malay States*, e em quaisquer terras sob o pendão inglês, em sabendo de antemão do acúmulo de suas desvantagens em comparação à Amazônica, do que se nos aliar à indústria irrival.

E será isso apenas pelo gosto de proteger aquelas terras com patriotismo?

Certo, a proteção inglesa influi bastante, mas não é tudo ... O que mais os insinua é justamente a confiança em suas leis, a compenetração da sabedoria delas, em toda a complexidade da aplicação!

Qualquer *investor* inglês sabe que as condições de transporte desde os altos seringais às capitais do Amazonas e Pará, e daí ao estrangeiro, se providenciadas pelo Poder Público, são bem mais fácies do que as do Ceilão e Malásia; mas ele apoia as aventuras de suas temerárias empresas na confiança de encanecer, por nossa parte, a falta de tino administrativo, na vantagem que a taxação extorsiva, extirpadora, lhe abre ao custo inferior por unidade de peso, tornando destarte inacessível aos mercados estrangeiros a totalidade enorme da borracha possível de tirar do vale do Amazonas.

Metodize-se a exploração e cultura das *héveas, castillôa e jatropha*, desde o Acre à Bahia, e o aumento de goma, em quantidade, será tão grande, em qualidade conservando-se a melhor do planeta, que o afastamento dos competidores do Oriente não se fará demorar, como fato inconteste: e as tantas indústrias manufatureiras, que apenas esperam esse sensível aumento para que baixe algo o alto preço, em presente pago pela matéria-prima, e se lhe rasguem, em compensação, inúmeras aplicações novas, como os calçamentos de ruas e passeios, o revestimento de soalhos em escritórios e habitações, o arrolhamento geral de bebidas e drogas, afora tantas outras, manter-lhe-ão constantemente um infinito consumo, de par com um bom preço.

Será assim a borracha o melhor e mais rendoso artigo industrial conhecido...

Porque essa lhe é a única valorização possível e não a que a esterilidade mental de imitadores, incapazes de arquitetar sensatos planos originais, tem sugerido ao governo federal (depois de ter vindo a luz o monstrengo do Convênio de Taubaté). O arlequim da nova valorização é inconfutável cópia desse trasgo do café, com todos os seus trejeitos e vagidos.

Sem comentar o disparate de tomar dinheiro, a prêmio elevado e baixo tipo, para encarecer a venda de um artigo, o efeito, embora mais fácil de aparentar-se bem do que o do café, na hipótese do governo reter os 2/3 da safra amazônica, ao cabo seria funesto.

E quem sobremodo o estimaria, por locupletar-se imediatamente de todos os favores pretendidos para nós, todavia livre de ônus e responsabilidades e trabalhos, destarte consolidando idealmente seus negócios e planos industriais de expansão, seria o plantador de nossa *hévea*, no Oriente.

Porque, à medida que a retenção da borracha fosse produzindo a alta de preço pela mais intensa demanda, nosso *stock* iria perdendo em peso, com a quebra, enquanto o exportador dos *Straits Settlements*, Ceilão e África, a salvo pela pureza e pouquidade de seu produto comparado ao nosso, iria aproveitando as ensanchas e vendendo-o por mais alto preço, assim chamando a si aquilo por que nos sacrificávamos, chasqueando de nossa toleima...

Outrossim, a venda por mais alta soma, tendo escapado às previsões dos *managers*, facultar-lhes-ia sugestivos *reports* aos acionistas das companhias limitadas de plantio com a distribuição do *surplus*, em aditamento aos dividendos prejulgados, destarte contribuindo pela avolumação e reforço dos capitais investidos na competência com a nossa borracha silvestre.

Seria, não há como confutar, cooperar-lhe pelo sucesso, cimentando-lhe vantagens na rivalização, quando importa agirmos de modo inteiramente diverso...

E para cúmulo de desditas, quando aqueles tivessem vendido toda a pequena safra de cultivo e nós, julgando conveniente a cotação do momento, atirássemos ao mercado a larga tonelagem retida, os preços incontinenti baixariam, obrigando-nos uma vez mais a lutar contra a maré adversa, em flagrante falsidade de posição...

Assim, para gáudio dos concorrentes e pesar nacional, tal valorização seria mais uma mostra da infinita miopia patrícia!

Sendo o artigo único a satisfazer à tríplice exigência da impermeabilidade, destituição de poeira e de ruído, na técnica e higiene dos calçamentos de ruas e revestimento de soalhos, afora as vantagens de durabilidade e limpeza, a borracha vencerá sem dúvida a asfaltização e a tapeçaria, logo que, pelo crescimento da safra mundial, o seu preço decline até a possibilidade de competição.

A indústria do arrolhamento vindo também satisfazer às condições de impermeabilidade e fechamento hermético, deixará eternamente defunta a da cortiça. Juntando-se a essas duas colossais aplicações o uso da borracha nas rodas de veículos de carga, ter-se-á inestimável a alta cifra do valor do produto e verificado quão distante, a perder de vista, lhe ficará o café!

A goma elástica amazônica completará, então, o trio das maiores indústrias das Américas — o aço e o petróleo, tomando-lhes a posição primeira...

* * * * *

A iminência de vir a Amazônia a cair num báratro de miséria é absoluta! Já em presente existem cerca de 222.000 acres de terras cultivadas, nas Índias de Leste e Oeste e em algumas colônias alemães, próximas da Samoa, os quais produzem, depois do 7º ano, uma média de 3lb de goma seca e quase quimicamente pura. Conclui-se que essa área cultivada de cada acre agasalha cerca de 200 *héveas*, bastará pouco para suprir o consumo manufatureiro, nas proporções atuais, com umas 60.000 toneladas infalíveis.

E desde que os bons resultados das empresas de plantio são os mais atraentes possíveis, companhias como a *Vallambrosa* pagando dividendos de 60%, *Anglo-Malay* 18%, etc, o público inglês não hesitará em correr com as £18-18 para todas as despesas de compra de terras, derrubada e queima das matas, irrigação e plantio de 200 árvores, por acre, soma aproximada de 300$000 Rs de nossa moeda, que ao cabo de anos dará rendas fabulosas.

Da metodização do plantio e golpeamento da *hévea brasiliensis* muitas indústrias ignoradas podem, com maravilhoso resultado, destacar-se e desenvolver.

Tenha-se em boa nota o fato de a experiência mostrar que no Oriente cada árvore de 5 anos dá, na floração anual, para mais de 500 sementes, de onde um óleo magnífico, tão fino e aplicável como o da linhaça, se tem extraído com ótimas vantagens.

Somente isso seria de uma alta monta e valor, atendendo-se aos milhões de *héveas* seculares, crescidas na Amazônia e que, ao invés de 500 sementes, dão milhares...

* * * * *

Tem aí V. Exa. largas *chances* para uma soberba revelação do seu conhecimento da arte governamental e administrativa. Da eficácia das medidas salvadoras do Acre advirá consequentemente o término da indolência e desonestidade dos *barés*, cooperadores da submersão da Amazônia na vaza pútrida de sua rede fluvial; a compenetração das massas governadas no tocante aos crimes e males devidos aos incultos e impudicos governos. Isto redundará no aproveitamento de melhores elementos, mais aptos, mais cultos e mais honestos, tomados de mais amor pelo engrandecimento e pelo bem-estar do povo: e a prosperidade em riqueza e a elevação política e industrial da região inteira, regada pela maior artéria fluvial vaticinada de centro da civilização futura, tão achincalhada hoje, tão deslavadamente ludibriada pelos filhos mais broncos de percepção e inteligência, porém vivamente amestrados na ferocidade rapace, atingirão às raias do assombro, para glória do reformador e consolidação do conceito nacional.

Mas, como industrializar a *ordenhação* das seringueiras e a defumação do látex, se não temos nem sabemos o que seja indústria? É a gravidade do problema.

Produzimos quase 60% da safra mundial e exportamo-los todos, sem um quilograma conservar, afim de evitar ao Estado o prejuízo dos 23% sobre o valor do *stock* deixado no país. Exportar a borracha é para nós exatamente o mesmo que a venda, aos ingleses aportados em 1876 a Santarém, das sementes rajadas de *pau-seringa* o foi, no critério dos naturais: um negócio magnífico, uma mina providencial, mas efêmera, a ser aproveitada na conformidade sensata do *enquanto vento, água na vela...*

Consideramos a goma, baixada dos seringais ominosos nos porões dos *gaiolas*, uma coisa imprestável, fétida e repugnante. Só a maluquice de *gringos* motiva dar-lhe ouro em troca: sendo pertinente, por esse motivo, exaurir as *héveas*, tirando-lhes todo o látex, antes que os irrefletidos compradores se convençam da tolice praticada e deem por findo o negócio, se, arrependidos, não procurarem haver-lhes as somas pagas, mediante restituição do artigo...

Por isso um quilograma ao menos de borracha ainda não fora manufaturado no país. Deixamos tal mister aos Estados Unidos, cujas centenas de fábricas usufruem anualmente os lucros de milhões e milhões de dólares, devidos a ficar dentro das fronteiras brasileiras se o apedeutismo patrício deixasse de ser da mesma grandeza do dos tempos imemoriais da geologia primária!

O Norte tem-se oposto com veemência às intenções de aí manufaturar a goma elástica pelo pressentimento de tornar-se um outro *Pedro-Sem...*

"Convertam-se em artefatos os milhares de toneladas de borracha fina, caucho e sernambi da Amazônia, desaparecerá o vivificante imposto que o gringo paga à boca do cofre e esta abostelar-se-á sem dúvida" — é a réplica do Poder Público.

Julga-se ser um favor o preço pago pela borracha indígena, senão uma estupidez de pouca duração, deslembrados de que, se tivéssemos sempre manufaturado nossa matéria-prima, teríamos deixado no país, a girar e produzir beneficiamentos indizíveis, os grandes capitais dados a ganhar aos manufatureiros americanos, ingleses, alemães, russos e franceses, afora os lucros estupendos abiscoitados pelas companhias de navegação e seguros, em fretes e garantias contra perdas...

Essa protérvia inqualificável os faz esquecer que o impaludado ordenhador das *héveas* é quem paga o quantum imposto pelo Estado e que aquele gringo, tolo ou generosíssimo, não é senão o intermediário ganancioso, espécie de ave necrófaga arribada ao comércio da Amazônia, o parasita que pouco trabalha, muito depreda em silêncio e ganha mais do que ninguém!...

Convém, forçando-o a ligar-se diretamente à agitação dos seringais, onde seus métodos e avultados capitais serão valiosíssimos, cortar-lhe de vez todas as vazas de surpreendente sucesso e rapidíssima acumulação de riquezas colossais, na certa, sem perigos de adversidade, como simples intermediário do produtor e do manufatureiro, no *job* de *short-sellers* ...

***** *

Faz-se mister que um dos problemas principais em prol da grandeza e rápido desenvolvimento de um país — a Viação — não mais siga na Amazônia a errônea rotina observada em quase todos os Estados do Brasil: e que, ao inverso das estradas de ferro lá procurarem os núcleos povoados, desviadas amiúde dos traçados em tudo consentâneos com as vantagens técnicas antevistas em certos tratos de terras e consoantes com a riqueza produtiva de muitas zonas agrícolas, pelas interferências criminosas da politiquice vilã —seja as massas migratórias que procurem as zonas atravessadas de *rails* e em suas imediações se localizem, tendo de começo, como elemento de estímulo à sua atividade, o transporte mais fácil e pronto.

Nos Estados Unidos, cujo progresso dentro do último século é o mais assombroso feito na história de todos os povos e através de todos os tempos, a locomotiva foi assídua em mostrar-se o primeiro monstro a silvar na imensidade dos desertos, guiando ao agricultor e ao cavouqueiro e aprestando-se-lhes aos desejos, às resoluções de toda a sorte. Colônias de imigrantes encontraram-na acelerada em meio dos campos, assombrando na quietude da solidão aos *peles-vermelhas* e descarregando as hostes civilizadas nos pontos de estratégia aconselhados pela tática: desde os primeiros passos tiveram-na como rápido veículo, bastante para estimular o desenvolvimento industrial com a prévia certeza da existência do mais conveniente transporte para os produtos arrancados da terra, pois o *meio* de cada colônia, além de farto, era, em dimensões, insuficiente para a remuneradora colocação das safras, mercados consumidores, mais largos e privados de adquiri-los por cultura própria, sendo reclamados com a urgência de uma imprescindível necessidade.

A estrada de ferro foi-lhes o sustentáculo inicial, a alma e o mais vivaz elemento de prosperidade da colônia. Não é mister somente *produzir* em avalanches para enriquecer; antes, fomentar as causas que criam o valor, tendo o produto em convenientes condições de *tempo e estado*, em largos núcleos de comércio.

À proporção que determinada zona lá estava de todo servida, a estrada derivava ramais e procurava o deserto: as correntes imigratórias seguiam-lhes o curso fácil, aqui e acolá fundando núcleos agrícolas de acordo com as melhores situações naturais, pois que toda a terra é boa quando o meio de transporte é rápido e lhe está ao alcance...

E, mui cedo, a vastidão inteira da colossal república palpitava ao sol, numa assombrosa atividade de braços a amainá-la e de rodas a moverem-se velozmente...

O homem e a locomotiva fizeram, dentro de oitenta anos, o que nação nenhuma do Velho-Mundo conseguira dentro de vinte séculos de antecedência àquela!

V. Exa. o expõe nitidamente, em poucos períodos, mostrando a relação devida, necessária, entre *viação e povoamento*, e eu não tenho palavra para aplaudi-lo, pois é o primeiro que se irrompe à contradição da errônea e arraigada teoria de ser a estrada de ferro, antes de tudo, um confortável transporte de *politiqueiros* baratos — que falam mal o idioma indígena e veem vermelho por azul, mas sabem, melhor do que ninguém, as regras práticas do *engrossamento*, com todas as artimanhas para triunfarem juntos aos poderes constituídos. Para tal é preciso que as ferrovias procurem os núcleos mais populosos, em detrimento de melhores pontos de passagem capazes de avantajar as condições técnicas do traçado, de favorecer a construção a ponto de estenderem longamente as tangentes em *paliers* e aumentar consideravelmente o raio das curvas, destarte facilitando o tráfego pela diminuição das resistências passivas.

E enquanto a politiquice de enredos e *engrossamentos* converte o perfil das estradas e suas projeções horizontais em montanhas rasas (*switchback*) e coleios de cobrinha estreita, onde os vagões dançam macabramente, o povoamento do solo é de preferência reservado para os desertos remotos, onde os meios de comunicação se apresentam os mais difíceis e onerosos, afim de evitar-se, com sabedoria, a fuga dos colonos, ligando-os com os produtos de seu trabalho radicalmente à terra — ambos apodrecendo e restituindo à Grande Natureza a massa vital dela recebida...

Veja-se com atenção o que entre nós se dera.

Inverteram-se os polos destas duas primordiais questões de desenvolvimento de um país, resultando de uma tão desastrosa medida uma diametral oposição aos Estados Unidos apesar de lhe sentirmos, como nacionalidade, o peso de igual número de séculos.

Lá, o povoamento se fez rápido pelo simples fato de não haver empecilho de nenhuma sorte ao transporte de imigrantes. As riquezas do solo foram por encanto reveladas desde o começo entrando em operações metódicas de exploração: o carvão auxiliando ao ferro e ao cobre e completando, com o mercúrio, a mineração primitiva do ouro; o trigo, abundantemente colhido, achando vazão para os mercados consumidores; os campos de criação abrindo, além, uma corrente às espécies várias; o capital europeu, aos protestos não mentidos das mais solenes garantia e segurança, para lá afluindo sem pavor, aos milhões — tudo, enfim, associado às ilimitadas riquezas do solo e intimamente preso aos vagões dos comboios férreos, com eles formando engenhosíssima cadeia.

Para a exploração dos terrenos *res nullíus*, onde — afora a corsa arisca e o gentio indômito — figura humana jamais fora lobrigada, é forçoso assegurar, antes da penetração da luz e ares higiênicos, e dos instrumentos vários, fautores do progresso, uma garantia às repulsões e resistências da própria Natureza àqueles que lhe dão combate sem tréguas, já lhe ferindo o coração rochoso, já lhe desbravando as matas vetustas, já lhe sulcando as profundas correntes ominosas: é mister pôr as hostes civilizadas a cavaleiro dos efeitos temíveis do inimigo invisível, desses micro-organismos infinitamente multiplicados no seio virginal da terra, ou bailantes no ar, e que são verdadeira sentinela avançada contra cuja tática somente a retirada, no caso de assalto, ao homem se afigura prudente e salvador...

Urge criar os meios de alígero transporte aos combalidos — do lugar de queda aos acampamentos onde a química do curandeiro se encarregue de guerrear os seres infinitesimais, em correrias nocivas em pleno sangue... Onde disso se descure, em primeiro lugar, as baixas serão em grande número, senão totais, como acontecera com a Madeira e Mamoré, só a passo muito lento prosseguindo os serviços pretendidos.

E é em consequência da aplicação sábia de todas estas medidas de tática e bom governo profissional, que à imensidão da terra *yankee* cabe em presente a primazia das estradas de ferro, as mais confortáveis, e luxuosas, e práticas, em maior extensão existentes por sobre a face ampla da Terra.

Quem as conhece de *visu* e não ignora as condições técnicas das outras muitas ferrovias estrangeiras, em diferentes latitudes, não ousará de certo contestar esta axiomática asserção.

O país inteiro acha-se coberto por uma rede ultra-surpreendente de trilhos Vignole e a competência entre as corporações de caminhos de ferro tem apenas corrido em favor das indústrias menos lucrativas, promovendo-lhes a melhor proteção possível: essa que auxilia a quem deve tomar a vanguarda das rivais e não se limita a atrapalhá-las, deixando a primeira na mesma largueza de dificuldades, falha de energias para a aceleração e com a pouca vantagem relativa de ver empecilhos criados às competidoras — tal como se me afigura o protecionismo no Brasil.

Não vem a pelo alguns absurdos dos *trusts*, em crescente *famine for monopol* e a queda da louvável justiça *rooseveltiana* sobre eles: as *railroads* existem inigualáveis e o país é o primeiro do mundo.

Sua indústria de transporte guarda obediência à lei do custo mínimo mediante produção máxima, suas tarifas sendo tão favoráveis, que uma tonelada-milha não é gravada em mais de 14 réis nossos, ao câmbio par. (3/4 de centavo).

Vem a propósito transplantar para aqui a condenação, por V. Exa. do que entre nós fora arvorado em bom princípio, quanto ao protecionismo.

"Torna-se porém o protecionismo odioso e, parcialmente, improdutivo, no nosso meio, com as barreiras, em geral, criadas pelos Estados e Municípios à circulação dos produtos, e com as dificuldades e carestia dos transportes até entre pontos servidos por navegação".

Desgraçadamente nós brasileiros nos descuramos da colonização, como V. Exa. o lamenta, com medo da penetração do estrangeiro em nossas terras, ou dos efeitos de uma intensa reforma progressiva, exceção ora feita de dois ou três Estados, onde certo interesse a ela dedicado, tivera *"antes o intuito de obter trabalhadores para as colheitas anuais, do que imigrantes que se propusessem radicar à terra"*.

Causa, por isso, a mais funda tristeza lançar o olhar para a grandeza de nossa República e ver que aonde não há rios, não há vias rápidas de transporte, pois que não há quase estradas...

Os *barés* não as conhecem, sendo todavia felizes porque o vapor lhes silva aos ouvidos, vogando por sobre as grandes massas d'água do Rio-Mar —e, como eles os goianos, mato-grossenses e, quase, os paraenses, maranhenses e piauienses.

O Estado progride a passo de caranguejo: constrói-se um quilômetro de estrada de ferro por mês, como acontece com a Bragança, cujos 300 km esgotaram um *quarto* inteiro de século, ao passo que na América, nos últimos 80 anos, verifica-se uma média de 416 km abertos ao tráfego dentro de cada 30 dias!

*****

As ferrovias do Norte são limitadíssimas de curso, sem conexão com outras, todas tolamente de bitolas diferentes, perdidas entre cidadelas que nunca prosperaram, vagarosas devido às más condições técnicas do traçado. Este, como V. Exa. pondera, não tem o transporte em harmonia com *a lei do custo mínimo mediante produção máxima*, devido ao propósito dos autores de projetos, ou dos construtores, "de vencer dificuldades de terreno, com sacrifício de larga capacidade de tráfego", além da grandíssima inconveniência da redução da velocidade, pelo nocivo cuidado votado à linha neutra durante a confecção do projeto de locação, visando-se evitar o maior movimento de terras e tornar mais econômica a construção, sem embargo dos perfis sinuosíssimos, dos raios mínimos, das tangentes reduzidas, das rampas máximas, que todos cooperam para uma eterna má estrada!

Enquanto entre nós a velocidade máxima atinge a 60 e 40 quilômetros por hora, nos respectivos trens de passageiros e carga, na América ela sobe a 92 e 70 quilômetros, na Inglaterra 96 e 72 — valores estes que correspondem ap. a 60%, a mais, sobre aqueles.

A *Pennsylvania Railroad*, com 4 *tracks* em toda a extensão de Nova York a Chicago; a *New York Central Lines*, com igual número até Albany e, em presente, até White Plains duas linhas distintas para tração elétrica pelo sistema do *third rail*, com o propósito de aplicá-lo aos mais afastados pontos de seu tráfego suburbano; os *Rock Island* e *Grand Trunk Systems; Erie; Lackwana; Atchison, Topeka & Santa Fé;* as *Southern* e *Union Pacific; Wa-bash; Lehigh Valley* e tantas dezenas mais, com o serviço rápido e o inigualável conforto do *Pullman Palace Car,* afora as *Canadian e Northern Pacific,* na América; as *North e South Western,* as *Midland e North British Railway Co.* na Inglaterra; a *Sud Express* e a *Paris-Lyon-Mediterranée,* na França, etc, são estradas de traçado conveniente, de mui pequena declividade, com enorme velocidade e satisfatória obediência àquela lei, que deve ser primordial em matéria de viação férrea, como fundar sobre rocha é axiomático em construção...

Tais estradas são, na América, modelo de perfectibilidade, e na Europa, de locação.

São fontes de larga receita, conforto da coletividade e ainda deixam ao *investor* lucros jamais inferiores a 4,75%, ao passo que as nossas, desde os tempos imperiais, à conta da má administração e influência da *politiquice* que protege aos ociosos e inúteis, dando-lhes prebendas a troco de pingues votos nos dias mentirosos de sufrágio eleitoral, em revoltante detrimento do capital imobilizado criavam sinecuras vergonhosíssimas, estupendas de impudor governamental; e devido, ademais, à falta de método e de unidade de vistas, na direção às mesmas imprimida, foram assentando sobre déficits desbordantíssimos, à guiza de dormentes, não só os trabalhos de penetração, pelo prolongamento, como todo o seu edifício técnico-administrativo!

*****

Um olhar retrospectivo sobre o progresso dos dois grandes países do norte e sul do continente americano, faz ressaltar da comparação, a súbitas, os males de nossa origem, na amorfia da cerebração brasileira.

O elemento da pacífica Luzitânia, criado em sobriedade de emoções, liberto de pesadelos e ameaças terríficas, necessário à têmpera do caráter, livre das sugestões da dor e inassaltado pela febre dos desejos tresloucados dos saxões, devotando o melhor do seu tempo em transformar a alma cândida em uma pira bendita e fazer-lhe o abrasamento ascender até aos olhos do seu Deus de amor e caridade, em ação de graças por lhe haver sido proporcionada toda uma fartura do mar e da terra, sabendo muito bem aos goles do vinho verde — trouxe, muito antes da endemia do sono ser nas terras de África diagnosticada como patológica, essa morbidez que se nos agarrara ao berço, ao tempo em que a existência patrícia mal se esgueirava da sombra das malocas autoctônicas, onde, às vozes das inúbias e borés, o cauim tanto seduzia, agitando, embebedando...

Era forçoso uma energia saxônica no momento: a seiva da jurema, fermentada ao ritual secreto das *Virgens de Tupan*, precisava de ser contrariada na plenitude de sua influência enervante, viciosa, à semelhança do que acontecera com os filtros dos peles-vermelhas dos grandes lagos do Norte, e em caso nenhum deverá ter sido substituída pelas delícias do purpúreo vinho de uva das férteis quintas do Reino.

Haveria lugar, mais tarde, para as bebidas prediletas, como o houvera entre ingleses e alemães para com o *whisky* e cerveja; e, quiçá, ensejos mais frementes para as saturnais e lupercais de regozijo desbordante, em homenagem à irresistível alma volátil do espumante vinho loiro...

91

Mas, em começo, só e tão só a apoteose pelo trabalho; a vigília inimiga dos grandes sonos; a perspicácia adversa da parvidade; a insaciedade, automobilizada, vogando de par com o espírito, em correrias pelo território recém-descoberto, na faina de muito fazer em pouco tempo; o olhar dilatado do *settler*, ansioso por se tornar descobridor de mil coisas prodigiosas; enfim, um homem, diferencial de um povo, tão grande em ideias e ambições utilitárias, quanto másculo de energias!!

Era isso de que carecia a vastidão de Santa-Cruz!

Sob tal influxo, o índio, de nomadismo atávico, seria arrastado ao nomadismo de pensares: e cooperaria pela aceleração vertiginosa do desenvolvimento, porque, para tanto a terra era fértil e rica, possuía todas as latitudes, a tudo oferecia as ensanchas da mais lisonjeira adaptação.

Contudo, o português não entendeu assim. Cônscio do seu educador *"quem corre cansa"*, procurou, na frouxidão da sua segnícia, gozar a sesta tradicional à sombra do vetusto pau-brasil. Querer tempos depois rasgar-lhe o córtex, penetrar-lhe o âmago e conhecer a cor da fibra lenhosa, já fora um tentâmen louco, pela antecipação às próprias condições de vitalidade e energias.

Era mesmo uma mostra de perversidade: brocar a árvore importava em fazer-lhe mal, e, portanto, degenerava em indício de mau caráter...

Fechava-se, nesse ponto, muito estreitado ao ritualismo beato.

Ademais, o oceano era tão distendido ao longo da costa, tanta água gazilharia de certo uma mole ictiológica imensurável, que não havia razão imperiosa para ferir a virgindade da mata. Além disso, a flecha dos tapuias era tão alígera, que alguma resistência viria fatalmente encontrar na largueza ornitológica errante pelas selvas, à sua acelerada serenidade; e, ao, cabo, se quedaria fisgada na asa rebelde de algum belo espécimen, descarte fazendo-o cativo pela inibição de voar e uma saborosa titela polpuda franqueando aos dentes do colono...

Seria, em suma, ante esses dois polos de segurança vital, uma alta tolice a atividade!

O sono impunha-se, a sombra insinuava, a brisa capitosa anestesiava...

E nada mais se fez. A endemia do sono, do adormecimento moral, se fez triunfante: o português a idealizou em terras dos tupinambás e *barés* e não a descobriu jamais em terras de África, embora fosse ela de lá originária e por ele originada...

A vastidão interior ficou a ocultar com avareza os enormes tesouros asiáticos, a flora sempre a prover ao tapuio inconstante e a ilimitada fauna selvagem, bem longe dos horizontes do mar, trancada às comunicações com o litoral.

Os colonos da Metrópole quedavam-se nas praias perlongadas pela brisa galerna, ao farfalhar dos coqueirais, de olhos constantemente mergulhados na interseção difusa do oceano e firmamento, à espreita de uma vela negreira, oriunda das malditas terras de África, daquelas que ensombravam o estábulo mais torpe do mundo...

Precisava ter escravos afim de assegurar a mal-entendida tranquilidade de quem não tenha o que fazer. Demais, era mister fruir, à sombra projetada pelo sol zenital, as delícias inefáveis da sesta...

Alguém deveria, então, tratar da pesca e incumbir-se dos afazeres caseiros.

O antropoide das Guinés era um elemento magnífico: quadrava, livre de senões, à solução do problema. Desde o pigmento escuro e mau secretor até à inconsciência do ultraje, preventiva da sublevação, tudo dizia bem e lhe sabia melhor!...

E veio o bulcão funesto, desde aquela época tornado hórrido sudário à criancinha graciosa, que era o Brasil nascente.

De longe em longe uma vereda de Índios atingia o litoral. A maldita cana de açúcar de Pernambuco revelara as delícias da cachaça: e esta, já tendo empolgado aos africanos, não tardou a atrair os arredios aborígenes e a produzir esses bacanais desbragados, causadores da irmanação pelo vício, de onde brotariam os conúbios de brancos e negros, negros e caboclos, caboclos e brancos, e também da cimentação de uma promiscuidade indecorosa, criminal, flageladora do país infantil!...

Foi o ritual cerimonioso dos funerais da grande vastidão rica recém-descoberta, a que estava indubitavelmente reservado o alto destino de, aliada aos Estados Unidos, reger acintosamente o planeta inteiro.

Mas, tudo enquistou à presença e atos dos malditos parasitas pretos, arribados ao continente de Colombo!

E nesse metamorfoseamento inconsciente, o trasgo negro em toda a parte entrando, com o seu asqueroso pigmento, a dosar as vidas brotadas de um tal amálgama mórbido de raças, tem a nacionalidade nossa visto fugirem os anos, lentamente, preguiçosamente, de modo entristecedor e revoltante para os que podem pesar a avançada do adiantamento a que, nos dias decorrentes, nos deveríamos postar.

Quatro ou cinco Estados meridionais, onde o elemento saxônio tem exercido pronunciada influência ou um outro latino mais sofredor tem tomado o lugar ao português imutável, gozam em presente de algum conforto. Embora se lhes note certa promessa de progresso intenso, nos próximos anos, tanto não é bastante aos nossos desígnios, nem aos fins a que nos podemos propor.

Entre a promessa e a realização vai um abismo; sejamos ambiciosos e queiramos a evidência.

Por que já não usamos a tanga de penas dos aborígenes deve-se concluir que vivamos satisfeitos, resignados com as circunstâncias atuais, quando pelo menos dez vezes mais prósperos e civilizados ora nos deveríamos encontrar?

Queira-se um país que ostente aquela atividade multiforme, inata ao domínio entomológico, e que a toda a gente faz pasmar; um país cujos homens sejam infatigáveis e úteis como as formigas e abelhas — esses senhores das mais perfeitas sociedades até o presente conhecidas e estudadas, na triarquia da ordem, atividade e utilidade!

Contrista o *fácies* do Brasil destes dias, com os muitos tratos de terra por onde jamais vivalma transitara: *fácies* de caveira enorme, encimada por uma basta peruca: — a massa escura de cabelos simboliza a quase ignorância em que jaz o vale do Amazonas, todavia poluído na escuridão pelos parasitas de toda a espécie; a fronte luzidia, polida, assemelha-se à vastidão escalvada desde o Piauí até Paraíba, batida por um sol de brasas; uma das órbitas lembra os baixos semi-cultivados de Pernambuco; o frontal maxilar a região sergipana; enquanto os pontos profundos, como as cavidades nasal e bucal, comparáveis a oásis, correspondem às zonas de melhoramentos na Bahia e Rio, S. Paulo e Rio Grande...

Nosso litoral não é sequer faustoso como os fogos de Bengala: o Atlântico beija o limiar das muitas cidades pobres que se lhe avançam até as praias, tendo de um lado o ignoto das águas profundas e do outro o da inacessibilidade criada pelo atraso, pela indolência, vivendo a maior parte segredada da falsa comunhão nacional, ao *Deus-dará* da *ficelle et hameçon*...

Nelas tudo é falho, desde as intuições da higiene até a abundância dos comezinhos gêneros de necessidade doméstica, podendo-se avançar que, afora a oferta diurna das águas marinhas — sal e cangulo — em adução à mandioca milagrosamente convertida em farinha, nenhuma abundância diversa da tropical luz meridiana, das chuvas e impostos, pode ser notada...

O Oeste é a mesma interrogação byroniana, sem resposta, esquecido, incomunicável, pleno de bichos e estórias de trancoso, fero, remoto, desinteressado!

Quem lá se aventura a ir? Aldeão nenhum o sonha... E quando este muitas vezes vai, de salto em salto, até cair no recinto em que se lhe quedam às mãos as rédeas da governança, os tempos têm mudado, ventos de bonança, galernos, têm impelido a nau do *matuto* e do *tabaréu* até ao palácio presidencial — mas o seu espírito tem ficado inalterado, fóssil como o era a dezenas de anos atrás, sem uma ideia nascente ou um entendimento novo! Tem ficado bronco, arredio, estacionário, umbroso e incapaz de criar ou de assimilar.

O espírito não se tem modificado, de leve, em coisa nenhuma — e em face da aceleração de outros mais ditosos, apenas se tem mostrado de uma revoltante retrogradação. Daí a involução administrativa, o esposar de uma verdadeira canície de pensares, a execução de medidas deprimentes aos olhos dos que marcham de acordo com a cabeça governante que fomenta o progresso: e, pior do que tudo, a inconsciência do perigo que se nos apresenta diante do estado indefensável do país. Este se encontra no caso singular de Dâmocles, de espada afiada sobre a cabeça...

Surjam canhões estrangeiros no Atlântico ou calem baionetas nas fronteiras — e cairemos na contingência de cruzar os braços e esperar a cinematrografia dos acontecimentos. Falece-nos cabedal para a refrega no mar, falta-nos asas para voar às fronteiras!

Os dois flancos da Pátria, distendidos à semelhança de parênteses sem fim, jazem descuradamente esburacados, ao sabor de qualquer facção aguerrida que lhes queira trazer as aventuras de uma conquista territorial, transpondo-os: nem temos exército para manter a inviolabilidade do flanco esquerdo, tal a inacessibilidade e o ignoto das fronteiras norte-ocidentais, sepultadas nos sertões improdutivos; nem temos marinha para convidar os *war-dogs* à imediata retirada, varrendo-os, ou para aclarar-nos os horizontes, submergindo-os, ao longo da vastidão soberba do Amazonas ao Chuí... Rasgos de heroísmos apenas, sem nenhuma probabilidade de sucesso, de certo não nos serão bastantes !

E este é o legado de 4 séculos inteiros: costas e fronteiras desprotegidas, indefesas, circundando sertões ricos, mas inexplorados, onde a terra dá a pingue ração diária, a ignorância se alastra, retornando por assim dizer ao embrutecimento, à animalidade primitiva, e onde o beatismo fetichista impera.

É lá que ao analista se depara o *habitat* do analfabetismo. Este constitui o primordial obstáculo encontrado por todo o povo que intenta ascender. Sem instrução não há desenvolvimento de ideias, falha a análise comparativa entre os fatores sociais, atrofia-se a perspicácia e triunfa o marasmo. Este cresce, alia-se à indiferença, serve à resignação das exiguidades e acaba por imobilizar a tudo, transmudando a agitação da vida animal na quietude da vegetação dos covos profundos, ao abrigadouro das perturbações exteriores, estática, sem luz, sem lutas...

E a era parasitária viceja, entumesce, distende-se, amontoa-se, desmedra a todas as disposições físicas, estiola a todas as energias morais de uma raça! Depreda de mais a mais, a cada instante que passa, e quase não floresce. .

Mas quando acontece frutificar, o resultado apavora: é a fartíssima colheita dos pomos do mal; é o desassombro terrífico, o nenhum pavor aos transes do passamento da matéria, pelo apego às divindades condutoras: é Canudos insubmisso, esgotado, mas nunca entregue à reparação!!

É, ainda, o antro diabólico carregando para mais sensível profundeza os que lhe viverem aos bordos e arrastando para suas fauces, pelo cumprimento do dever, os que se lhe quedavam à distância...

Mais de 2/3 da imensidade patrícia estão naquele *regímen* das selvas escuras que a ciência nos descreve no período terciário: ainda hoje, 4 séculos depois da celebração da primeira missa, não se lhes descobre nem indústria, nem lavoura, nem agricultura, metodizadas; nem comércio que de leve prometa a adaptação dos princípios modernos, garantidores do sucesso... A falta de homogeneidade por toda a parte, o pandemônio dos hábitos e práticas, a polimorfia ameaçadora da estabilidade do *regímen*, pela separação política, como consequência da heterogeneidade dolorosa da natureza das ex-províncias sem intercomunicação...

Se a Natureza foi pouco sábia e não deu ao Tocantins os caudais do Amazonas, ou mais claramente, se deixou de locar a este no leito daquele, dando-nos com isso o segundo dos três propulsores do assombroso desenvolvimento *yankee*, numa grande bacia central semelhante a do Mississípi, como artéria vital da atividade primeira dos colonizadores, andou por outro lado, de bom aviso, em dispor as três grandes bacias do Amazonas, Prata e S. Francisco nos principais núcleos do país, apenas deixado a cargo dos brasis a sua ulterior ligação. Tivera isso sido feito há cinquenta anos atrás e nós hoje seríamos *cem vezes* mais ricos e mais prósperos. Mas as canoas dos aborígenes ficaram a sulcar os rios, contornando-lhes os torcicolos e os povoadores de suas margens quedos na imutável iliberalidade da caça, pesca e frutos silvestres.

A política acanhada do imperialismo tratou somente da coroa: não há um só ato governamental, durante toda sua existência, que se não contenha dentro das linhas tristes da mediocridade.

Nada se dirimiu, tudo foi produto do acaso. Umas obras provaram bem, outras fatais.

Nosso serviço de viação em nada tem recomendado a estatura moral da raça, a navegação daqueles três grandes e caudalosos rios fez-se ao sabor e brutalidade das cheias, a sã colonização estrangeira andou de modo heteróclito, descurada em favor das levas de negros da África...

O futuro do país jamais parece haver preocupado aos monarquistas, porque só a indiferença lhes explica os multiplicados relaxamentos nas questões internacionais.

Relatarei, de corrida, os maiores.

Descurou-se em 1870, com a vitoria sobre o Paraguai, de um ato primordial de sabedoria e zelo pátrio — a anexação do medíocre país vencido. Perdeu-se novo ensejo, a 24 de Janeiro de 1903, com a capitulação das forças bolivianas em Puerto-Alonzo, de ao território brasileiro incorporar não só o Acre, mas toda a região regada pelo Madre de Dios, distendendo-a até as margens do Titicaca, para fazer-se sentir ao Chile e ao Peru a necessidade de possuir porção do litoral do Pacífico e então obter-se por negociações amigáveis, como os Estados Unidos o fizeram com a Espanha, França, Inglaterra, México e Rússia, as zonas de Moquegua e Puno. Mais tarde a sabedoria do mais forte produzir-lhe-ia a anexação completa do restante da Bolívia e a cessão, pelo Chile, das províncias de Tacna e Tarapacá...

Sempre mirando o alvo, à sugestiva maneira *yankee*, e ao seu encontro marchando a passo acelerado, ao Peru insinuaria o Brasil, protegendo-o, na qualidade de mais forte, a que anexasse o Equador (porque unidades pequenas e fracas como as tantas das Américas do Sul e Central, não têm direito de viver autônomas), sob a compensação de ceder-lhe os distritos de Arequipa, Cuzco, Ayacucho, Huancavelica e Ica, destarte contribuindo pela fortaleza da grande nação sul-americana.

Era a isso que o Monroismo discretamente insinuava!

Arvorado em doutrina, primeiro para servir à dilatação de sua República, segundo para ministrar-nos sugestivos exemplos e compelir-nos a segui-los *pari passu*, foi a extraordinária tática dos homens de Estado da América fomentando e apressando, jeitosamente, com uma perícia sem igual, a retirada, da face do território pretendido submeter a seu *regímen* e leis, das quatro nações europeias que o regiam.

Então, em 1803, ante as desavenças da Inglaterra com a França, desta obtiveram por compra a chamada *Province de la Louisiane*, que compreendia todo o vale direito do Mississipi e seguia até a fronteira do Canadá; em 1819 houveram da Espanha a cessão da Florida; em 1845 acordaram na anexação do Texas Independente, embora como tal não reconhecido pelo México, sob a chefia bélica do General Houston, fato esse que exasperando aos mexicanos, arrastou-os à guerra e motivou, pela rendição em 1847 aos americanos, a efetividade da anexação do Texas e mais a transferência, por 15 milhões, de toda a área dilatada do Pacífico ao Rio Grande e Rochosos, incluindo Califórnia, Nevada, Utah e Arizona, afora parte de Wyoming, Colorado e Novo Mexico, fixada a fronteira, pelo tratado de 1848, no rio Gila; em 1846 conseguiram do governo britânico a venda das terras regadas pelo Colúmbia, em presente abrangidas pelos Estados de Washington, Idaho e Oregon; em 1853, cinco anos após o tratado com o México, adquiriram por 10 milhões o *Vale Mesílla*, ao sul do atual território do Arizona, à esquerda do Gila, conforme a Gadsden Purchase, fixando em definitivo a fronteira com o minguado México na margem esquerda do Rio Grande; e, por fim, em 1867 receberam da Rússia o Alaska e em 1897 à Espanha conquistaram Porto Rico e Filipinas, tutelando Cuba.

Formaram, pela persistência em um amadurecido intento, sem nenhuma discordância entre os sucedidos na Presidência, numa verdadeira metempsicose de sensato patriotismo, a mais perfeita nacionalidade ora existente no mundo político, tornando sua República três vezes maior em superfície, inestimavelmente mais rica e opulenta, muito mais homogênea e administrável...

No Brasil foram os imperialistas vivendo como condracantos, de todo alheados ao espírito do Monroismo: e como vissem que a grande República do Norte crescera consideravelmente depois do período presidencial de Jefferson, tiveram a infantilidade de fechar-se nos receios de ser aquela doutrina um pretexto rapace para a anexação do Império recém-libertado: e nada fizeram pela expectativa dos *yankees*, apenas, como arranjo de segurança contra o medo, lhes pedindo a apólice da anexação...

E a azada oportunidade da extrema tensão das relações entre

a França e a Inglaterra, quando em 1802 Napoleão, esperando uma guerra, temia vir a frota britânica apoderar-se de seu indefensável posto colonial de Nova Orleans e aos *yankees* preferia vender a Luiziânia por 15 milhões de dólares, oportunidade também franqueada ao Brasil colonial, fora, contudo, desaproveitada por incompreendida, mercê da irrival miopia de sempre!...

Era dever, caso os luso-abrasileirados da época tivessem enfibratura rígida semelhante a do pau-brasil, ter corrido à Europa com emissários, como Jefferson o fizera, a propor aos dois governos litigantes a cessão das Guianas Inglesa e Francesa, forçando depois a Holanda a transferir-lhes a sua encravada possessão. Ter-se-ia desse modo consolidado o continente-sul, criado as condições magníficas para administração, e aos poucos, pela expansão antes delineada, o colosso brasileiro teria grimpado no respeito das potencias estrangeiras.

Tal foi o fito de Quincy Adams, através de Monroe, e deveria ter sido a trajetória da política imperial nossa: disfarçar a ansiedade dos americanos pela aquisição dos territórios adjacentes às duas maiores nacionalidades do Norte e Sul, ao tempo sob o domínio europeu, e efetivá-la em toda a linha...

E afastadas da América Meridional a França e a Inglaterra, deixando-as a bordejar ao largo, no mar das Antilhas negreiras, ter-lhes-ia sido tão fácil a conquista do Pacífico, como o fora aos discípulos de George Washington — quase ousando eu dizer que, em um tal prélio contra a Espanha, teriam sido coadjuvados pela República irmã...

Faço ressaltar a necessidade de devermos ter abrasileirado grande parte do litoral do Pacífico, proporcional à nossa grandeza territorial, não por cobiça de mais largo domínio, mas pelo fato, assaz conhecido, de toda a civilização vir das regiões marítimas e ribeirinhas para o centro, destarte cooperando duplamente pela mais pronta colonização dos impérvios sertões, em face da aproximação de correntes inversas de progresso...

Assim, nosso desenvolvimento teria vindo simultaneamente dos dois oceanos para o centro, nossos sertões não se tendo quedado na intérmina selvageria presente, nem o nome brasileiro implantado na ignorância dos povos cultos, pela opacidade de sua história, pela sedentariedade de seus ânimos.

Bolívia, Paraguai e parte de Venezuela, Colômbia, Peru, Chile e Argentina, teriam sido jeitosamente anexados à realmente grande República do Brasil, o desmembramento da Cisplatina jamais tendo tido lugar, deixando-a em equilíbrio de circunstâncias e condições com os Estados Unidos, ambas assim ficando preparadas para, depois de 1880, exercer, como um Briareu invencível, a hegemonia sobre a terra inteira.

A Argentina guardaria na política sul-americana a situação presente do México, sem os 3/5 de seu primitivo território, sempre quieta, livre de acintes e sem ensanchas para unhadas de gato adestrado, causadoras de arrepios algo perigosos...

Fora esse o objetivo real do Monroismo, que tolamente aí nunca se compreendeu. E para tristeza dos *yankees* ficaram-nos na vizinhança aqueles três tratos de terra, onde flutuam três bandeiras estrangeiras deveras ameaçadoras: se seus donos ainda não procuraram dilatá-los, acenando-nos com as suas baterias, é por simples receio da intervenção americana, julgada perigosa ante o assombroso progresso desta República !

Mas como seja inevitável a expansão dos povos fortes que habitam terras estreitas, eles em futuro não mui remoto, após a desesperança da África europeia, virão motivar formidandas refregas.

É fatal, aos povos que se dilatam, o desejo de povoar terras sob a bandeira de seu país; daí a expansão territorial. Ninguém prefere ser colono estrangeiro ao título e prerrogativas de cidadão.

A Inglaterra ainda não nos causará receios dentro de um par de séculos, porque tem os três mundos da Austrália, índia e Canadá; a França tampouco, pela animosidade à procriação; mas a Alemanha está no caso do dragão faminto: a todo o momento, quando suas colônias na África provarem mesquinha remuneração aos incruentos empreendimentos, poderá saltar-nos ao pelo, sabida de há muito quão boa preza lhe somos!...

Se os germanos adquirem algum dia a Guiana Holandesa, fiquemos certos de que os *yankees* terão oportunidade de aparecer além do Panamá com a sua fanhosa interrogativa — *what's the trou-*

ble?, porque essas três Guianas são estopins ligados à dinamites diabólicas, aprestos a um cataclismo horrífico para a nossa incúria.

Nossos diplomatas e governantes jamais quiseram sentir tal verdade, servindo-se contumeliosamente de prismas escuros para ver imagens diferentes — e lamentando-o, (embora com a convicção de ainda ser possível, sem embargo da falta de ensanchas, pôr em prática a República que deveríamos ter traçado no mapa sul-americano prescindo à análise contristadora, cerrando esta página perigosa...

*****

A opacidade da Santa Cruz colonial é do mais alto grau; o Império, que lhe sucedeu, marca um período de 13 bons inglórios lustros!

A República seguiu-lhe as pegadas, até ontem!, com a agravante das ambições do poder e das riquezas, nas guerras civis e desenfreamentos da bolsa, dilapidando-nos o conceito e o crédito.

Consequência: tangenciamos a bancarrota!!

Se fruíamos a sensaboria de uma vida de penumbra, ignorados no estrangeiro, pioramos ao vê-la passar à plenitude do conhecimento pela negativa, saboreando-lhe o fel...

Melhor fora o âmbito de trevas, não há duvidar!

A leste a paspalhice mostrara-se quase gêmea da fatuidade de oeste e centro. Tivera, contudo, gestação mais longa; por isso surtira menos imperfeita. Todavia, de que nos podíamos ufanar na largueza da costa do Atlântico? O Rio dos tempos imperiais era um amontoado de casas mal construídas, sem higiene e sem arte; S. Paulo, Minas, Pernambuco e Bahia comerciavam a besta africana; Piauí, Ceará, Paraíba e Rio Grande exsicavam, como argila, ao sol do equador; a Amazônia, aberrada dos códigos, ostentava a mesma torpe distribuição de justiça de seringais — grão-senhor em cada barraca tosca e vítimas sob o azorrague, a expiarem num inferno esmeraldino, cantante de mentiras, a desdita de lá terem ido pairar!

102

Havia por toda a parte uma nênia, uma voz dolorida, uma nota de tristeza, bem como um disfarce aos males, às necessidades clamantes, através de tons dourados reluzindo com intermitências de farol ... E por sobre tudo, o gigante da toleima legislando, governando!...

É uma estonteante realidade. O Brasil, tão majestoso e rico, umbrático e fantasioso, tem dado homens cujas energias e aptidões estão muito longe de permitir aquilatar da grandeza de seu catálogo de maravilhas! Vai nisso, integrado, o conceito de Saint-Hilaire sobre o homem ser o único a mostrar-se absono na plenitude da majestade pasmosa de nossa natureza.

Tudo, em matéria administrativa e empreendimento, quer na cruzada do espírito, quer na do braço indomável avançado contra a indocilidade das regiões não catequizadas, não tem paridade com as proporções do colosso e só escassamente vem ombrear com o valor do obreiro. No entanto, este podia ser um Anteu e sua obra um mundo miguelangelesco!...

Folheie-se o testamento do Passado — e o Presente tiritará de raiva, sangrará de dor ao sentir-se deserdado! O legado nada lhe vale; pode com acintoso desamor ser rejeitado. Mas, que de uma tão chocante decepção se não deixe de derivar o maior protesto, a mostra do maior altruísmo, condenatório dos feitos pálidos do ancião...

Cumpre um compromisso de honra ao Futuro, para que o neto, ao comparar os meios do avô e do pai, delire de orgulho, jactancie-se em caudais laudatórias, embriague-se de desbordantes entusiasmos pela enormidade da herança ávida de quem, por seu turno, houvera ninharias e pouquidades!

Carece de edificar-se mais sólida e condigna base aos pósteros, para lhes não granjearmos o mesmo azedume de conceitos e a sentença ab-reptícia com que julgamos o Passado. Impõe-se, com uma solenidade invulnerável, a ab-rogação de todas as causas que cooperaram para a inatividade de 4 séculos e o marasmo exibido parvamente por um império talhado para uma opulência sem rival.

Trabalhemos com afã para conseguir engrandecer os fastos do país e esqueçamos essa resignação com as condições presentes, ou a oca e estulta patriotice de julgarmo-nos grandes, maiores do que nenhum outro povo existente ou existido...

Isso contribui para o abolorecimento da raça e o incitamento de nossos sucessores ao prêmio de bufarinhas e farelórios...

Mãos à obra: — e façamos cada engrenagem do organismo da República bem maior que nós mesmos, sem o mais leve traço absono com a grandiosidade do território rico abraçado pelas raias brasíleas.

*****

A nulidade, locupletada sempre com as mais altas posições oficiais, tem interposto uma densa opacidade aos linches patrícios e prevenido o beneficiamento do país, pela adoção de medidas de funda sabedoria.

O fato é geral: dos *barés* aos gaúchos o alastramento da incompetência feliz é, com raríssimas exceções esporádicas, uma regra sobre que devem pairar as vistas dos psicólogos dessa nacionalidade.

A massa pensante indígena é de uma heterogeneidade dolorosa. Apresenta, no mundo oficial, ao mais das vezes, lado a lado, as mais antagônicas mentalidades: o vaqueiro engravatado, o fazendeiro boçal ou o vulto bisonho do vigário de aldeia, na vizinhança do estadista perspicaz; bem enfeitada pelos requisitos da moda, oferecidos pela mão dos barbeiros, a cabeça do cavalheiro-vagalume, de fogos de efeito exterior, mas oca de bons pensares, bem juntinha a das verdadeiras cerebrações patrícias, ocultas atrás de sebentas cataduras mal barbeadas...

Contudo, dominam tristemente os primeiros e a necedade é o aviltante fator de nossa pequenez étnico-psíquica.

A flatulência, a presunção alardeadora, os engrimanços e pataratas da ignorância que procura a todo o transe ensanchas para seu próprio disfarce e ocultação, formam o polvo gigante ora visto a espalhar tentáculos entre as gerações vindouras, matando o estímulo do engrandecimento individual, de que é função direta o engrandecimento da Pátria.

É essa a perigosa endemia presente!!

Bem pouco há hoje quem estude e se não deixe estiolar ao sol caprichoso da larga ventura dos que estão contemplados entre os Bem-aventurados da Igreja... Daí o não pensarem, uns por incapazes, outros por desgostosos, e, consequentemente, a bacanal de opiniões, a conturbação dos espíritos, o afrouxamento de ideias aplausíveis, emfim, a bandoria mental a entravar-nos o caminho devido trilhar.

A fórmula de governo "do povo, pelo povo e para o povo" tem sido uma mentira nua, um grandíssimo *bluff*, pois o *regímen* tem faltado a ser uma fonte de igual justiça para todos, apenas com vantagens especiais para bem poucos dentre os mais escandalosamente medíocres !

Ressente-se, ante isso, o colosso brasileiro, da falta de unificação de vistas, princípios e ações, da República, através dos seus representantes nas duas casas do Congresso e dos sucessivos chefes do Executivo, vendo-nos mais a esmo e à mercê da sorte do que as aeronaves frágeis ao capricho das correntes aéreas, de amplidão em fora...

A nau da governança denuncia não ter leme, sendo como tal impossível obedecer à trajetória apriorística ou chegar ao porto desejado. Tal é o governo de um povo falho de rigorosos princípios regedores, liberais, filhos da comunhão e não dos cérebros enfermiços ou *acrustaceados*, ocos como bolhas de sabão, de tantos patarateiros que indevidamente retém posições incompatíveis com a nativa estolidez.

Daí o alvoroto de reformas, a investida de um governo nascente contra os feitos do governo poente, a retumbância das plataformas vazias, cérceas, mentirosas, cheias de palavras de emprego corriqueiro e muito baldas de bons intentos em favor do alevantamento do povo e desenvolvimento do país.

O mexerico dos partidos, pior do que as demandas de sogras às filhas, respeito aos genros; as sensações, as intrigas, os anhelos pelo aniquilamento dos que subiram aos próprios esforços e ostentam mérito real, a inveja aos que se revelam prometedores e toda a pungente encenação dos alcouces morais, em exclusivo detrimento do povo e da nação — são outras tantas florações de lama da estação presente, constante, imutável dentro das fronteiras patrícias.

105

Fomente-se a unificação dos ideais do povo, sem distinção de cor política e se lhes leve escrupulosamente os ombros fortes em favor, do contrário seremos eternamente um povo que se guerreia, contradiz, repulsa, deprime, embaraça os próprios desígnios e mata para morrer!

Sejam as plataformas presidenciais sugeridas, lidas, discutidas e aprovadas pelo povo, através dos órgãos de publicidade — jornal, panfleto, palavra erguida na praça pública — e após, apresentadas como programa ao candidato escolhido para os altos destinos da República, para ulteriores análises e sugestões, sendo que o sufrágio nas urnas seja função explícita de sua plena aceitação.

Somente assim se compreenderá que o povo — único soberano em uma República! — impõe o seu itinerário e depois escolhe a quem, no paralelismo do *chauffeur*, mais confiança lhe inspira para levar a bom termo a escrupulosa execução.

Porém deixar que cada escolhido, por chicana ou jogo de partido, seja inviolado na armadura cerácea de seus despropósitos, é conferir-lhe um poder absoluto e, com negar-lhe a fragilidade às paixões furiosas e a tendência ao erro, desobedecer ao sensato conselho do anexim, *comprando nabos em sacos* ...

Ademais, é permitir, afora de quaisquer dúvidas, o guerreamento aos feitos do antecessor, o desmoronamento de alguma bem pensada obra ainda não acabada, por motivos fúteis na aparência e criminosos no fundo, muitas vezes despertados pela inveja à sua sabedoria.

Quem ousará contestar o espantoso pugilato moral que tem havido entre os homens que descem e os que sobem os degraus do Catete?

Um, mui repetidas vezes, pelo simples fato de antever pesar sobre os ombros do antecessor a grandeza da benemerência pública, como galardão de uma obra memorável, concluída dentro do novo tirocínio presidencial, se faz de Nero e sacrifica-a perversamente, de um modo tanto mais acintoso quanto mais medíocre é a sua estatura em face do outro. Por outro lado, se o ato foi impensado e deixa antever breve ruína, empurra-o açodadamente para adiante e sanciona-o, para logo o ver, qual esponja saturada de corrosivo ácido, a deformar a edificada beleza de reputação da individualidade abespinhada, cujo alto crime fora haver feito bem na antecessão governativa.

É isso que se faz mister acabar de vez e quanto antes!

Quando as rivalidades pessoais e criminosas repulsões pelo mérito, aciduladas pela vaidade fofa, tiverem desaparecido, ter-se-á consolidado o critério indígena e, *todos trabalhando por um e um por todos*, terá sido atingida a unificação do desejo nacional, liberto da natureza da máscara individual do Presidente.

E para essa República, ante a feérica alomorfia do novo cenário, o seu verdadeiro dia de gala, festivo e alvissareiro, terá surgido, partindo a crisálida das promessas.

Começará então o país a crescer e fortificar-se, num desdobramento assombroso de prosperidade, numa fundação gigântea de regímen...

* * * * *

A esse tempo o povo não mais será o alporquento Jó do monturo, abostelado, coberto de parasitas dilapidadores de suas energias: constituirá uma grande cabeça pensante e ditará os próprios desígnios àquele a quem tiver julgado com a precisa capacidade para os levar triunfantes à execução.

Sairá de vez da prolongada noite da ignorância em que se afunda, restaurados a rigidez de músculos e o poder indômito de vontade, e patenteará, fora de dúvidas, ser o ditador de seus alevantados destinos, em diametral antagonismo com a situação presente de *besta de carga*, alimária empregada no transporte contínuo de riquezas colossais para o erário público (que sofre de fome canina), sem nenhuma leve compensação a essa estrênua labuta de escravo...

O nacionalismo, então ignorado entre nós, se edificará e fará conhecer pelos povos estrangeiros infensos à história e geografia, pois embalde se lhe intentará apreender os caracteres típicos da existência.

Misto de português, negro e tapuio, nenhuma qualidade indiscutivelmente peculiar e privada revelamos: o branco nascido sob os raios do Cruzeiro esposa e defende os mesmos princípios de poupança e conservação sedentárias, privativos da velha metrópole; os cafuzos a ignorância atávica do quadrúmano guinéu e os mamelucos a indiferença e instabilidade do selvícola.

Os descendentes dos hermínios revelaram-se os menos progressistas da raça branca, os tapuios são os mais indolentes do tipo amarelo e os negros africanos nada encontram de pior no mundo das espécies antropoformes...

Sob um amálgama étnico assim inconveniente e desprovido de vantagens, certo não poderia uma nacionalidade edificar bases seguras à grandeza compatível com os seus recursos e condições naturais!...

Daí faltar-nos tudo: aceleração de progresso, masculinidade de desejos sensatos, consciência do que ora somos e poderíamos ser...

Sobejam-me justificativas para dessa maneira pensar e verberar, porque a um país em atraso, desgarrado da clareira agitadíssima em que nações da mesma idade automobilizam com ufania, a ponto de quedar-se, sob múltiplos pontos de vista, nas raias da barbárie, apenas é lícito alegar, como causa do *status quo*, a carência de uma distribuição conveniente de riquezas naturais, e, em aditamento, ostentar a esterilidade irrival do Saara, no abraço dilatado de suas fronteiras...

Quando tal se não dê, não há ocultar a incompetência e inaptidão governantes. Ninguém admitirá estarmos naquele nível de condições geológicas, nem triunfará em negar a consequência decorrente.

Bem poucos no Brasil são os que sabem ler e escrever, reconhecem o idioma que falam e sobre o nome da Pátria não adormentam dúvidas! Quanto ao *regímen*, à forma de governo e silhueta de sua sucessão, não há contradizer que, em correndo a República inteira, se ouvirá de quase toda a gente a narrativa de pequenos fatos da vida do velho Imperador, como da *Princesa Magalona* e *Carlos Mágano*, de *oitiva*, avançando-se ter ele vivido na *capitá* distante, num luxo e *rorço* extremos, e haver um dia morrido numa briga com um tal de *Diodóro*. ..

A ignorância sobre a Pátria, suas condições de vida e *regímen*, suas tendências e promessas é absoluta: tudo lhes é imperscrutável. E muita gente *fina*, que teve vaga notícia da viagem feita pelo Conde D'Eu ao norte do ex-império, acredita-o reinando espalhafatosamente no Rio de Janeiro e não se abala na convicção do *Sr. Bispo* impor obediência, em nome de Deus, ao *Conselheiro* e à *Maria do Juazeiro, santos do céu baixados a esse vale de lágrimas para redimir aos míseros pecadores mortais...*

Da guerra do Paraguai ainda perduram uns cânticos de triunfo e umas histórias de grandes rasgos de heroísmo e valor bélicos, gravados ante a audição das narrativas minudentes feitas pelos encanecidos Veteranos tornados à paz e quietude das aldeias natais, e impostas à credulidade pelas largas cicatrizes evocadoras da refrega brutal com o leão d'alma fanatizado das hostes de Lopez!...

E é só!

A protérvia atinge tão esquisitas proporções que, em localidades distantes do litoral não mais de 40 quilômetros, como o lugarejo de nome S. Severino, aquém de Pau-d'alho, em Pernambuco, toda a gente da redondeza, e quiçá do Recife, acredita, sem sombras tênues de dúvida, que os *judeus* mataram *à bala*, em princípios da era cristã e naquele local onde hoje se encontra uma capela tosca, ao alferes Severino, quando ao *serviço* de Jesus Cristo, por se haver negado a informar-lhes qual o caminho tomado, na fuga desordenada, pelo Nazareno!... Ao tombar morto, Severino chocara a rocha com a cabecinha sacrossanta, abrindo-lhe um pequeno furo de onde brotara um manancial perene d'água lustral, divina, milagrosa, redentora das manchas d'alma pecadora...

E toda a gente corre, sobrecarregada de azeites, óleos, ceras, moedas e joias, a ver o corpo do *Santo*, porejador de sangue bento há 1908 anos, mal se lhe alcança a epiderme com o olhar; embora haja na capela, erguida com desfaçatez para a mais torpe exploração, um simples esqueleto humano monstruosamente vestido de cera, em flagrantíssima animosidade com a anatomia do homem, tais a ausência de pelos e o arredondamento das formas femininas... Admitirá a Igreja, por acaso, um santo hermafrodita?

E todo esse calunga, envergado numa farda de *toureador* sevilhano, é um membro do Concílio dos Santos, espião de Deus nos sertões de Pernambuco e famigerado coletor das minguadas economias da pobreza bajouja, esmagada pelo fanatismo enguiçador, apavorante. Porque a reza, sublimada pelo fogacho das promessas do melhor quinhão, sofre o milagre de transformação em panaceia divina, onipotente: restaura a vida e dá a morte, traz o sucesso e implanta a desgraça, como se o *to be or not to be*, fatal a toda cadeia dos acontecimentos, pudesse admitir eficiências de qualquer sorte...

O terror das fantasmagorias beatas tem embrutecido o espírito fácil de nossos sertanejos sem rebeldia, em proporções assim desmesuradas, e obstado o desenvolvimento nacional, sob todas as faces, em exclusivo benefício da duração da prebenda dos seus adiposos missionários e propagandistas!!

Este fato é absolutamente verdadeiro e não uma criação barata, pois que o testemunhei em 1898, quando no Recife estive a estudar a toleima popular e o perigo da obsessão religiosa, entre os outrora arrogantes *leões do norte*.

Caso idêntico desenrola-se em Canindé, no Ceará; em S. Amaro, Bahia; e em certas localidades do interior dos outros 18 Estados, onde um *Santo* — eleito *rei dos milagres* — coleta, pela mão do rotundo vigário da freguesia, as fartíssimas rendas, após o convencionado benefício de sua festas anuais.

E a Igreja é o vórtice insaciável para onde correm as pingues economias da pobreza integral do país! Deixará de haver nisso um dolo implícito? Explorar a maleável credulidade do povo, para haver dinheiro, não será uma agiotagem macabra, igual, no fundo, à do *pick-pocket* que retira dos braços da criancinha indefesa as joias de alto valor — e, como tal, carecedor de ser contemplada no Código Penal, máxime quando, afora o prejuízo intrínseco sofrido pela vítima, ainda há o dano imensurável causado em seu espírito fácil e a privança, imposta à comunidade, do vigor de suas energias?

Dirá a multidão beata conter-se nessa coleta sem tréguas, de onde lhes promana o *arame* sustentador, do maior diâmetro, a melhor vantagem aos funâmbulos de negra sotaina — do contrário ninguém a envergaria... Sofrer misérias de outrem, catequizar almas rebeldes, martirizar o estômago com jejuns e a carne sã e fogosa com os votos de castidade e a fereza dos cilícios, é de fato uma odisseia a que a criatura a mais filantropa nunca se aventuraria, deixada mesmo de lado a bobagem de intentar-se poderios que sobrepujem a Natureza, com o seu *regímen* de leis fatais!...

Mas, disfarçar no amor febricitante as fúrias do pecado, na quietude das sombras e do isolamento, e ab-rogar uns tantos votos laudatórios, porém demasiado ridículos e mentirosos, afigura-se-lhes negócio de outra valia, mais empolgante e mais humano...

Assim pensando, não há negar, eles se não escudam em razões abastosas, mas se estribam na prática oficial, que lhes é o melhor paládio!

Pois já longe não vai a adolescência da República e, numa triste mostra de criancice, não está ela ainda agora a engatinhar em derredor do Vaticano e a fazer-lhe momices, por intermédio de uma Legação falha de séria incumbência, escandalosamente inútil e ridícula, além de incoerente às vistas da Carta de 24 de Fevereiro, onde se não descobre o mais sutil pendor para o dogma católico-romano?

O erário federal contorce-se ao despejar o bolo áureo que faz rir aos barreteiros junto à Santa-Sé, e em contrabalanço, impõe-se ao povo uma nova contribuição em favor daquela odiosa munificência dos intercessores da benção papal e indulgências plenárias, ou faz-se economias fechando as portas da escola aos filhos do acriano, roubando-lhe os haveres amontoados a gotas de sangue, extorquindo-lhe as prerrogativas, saqueando-lhe as propriedades: faz-se-lhe *ouvido de mercador* aos justíssimos reclamos do mais inconcusso direito, com inveja das lantejoulas que consigo veem faiscantes, interfere-se contra o capital estrangeiro que este consegue — sem influxo da administração madrasta! — introduzir em seus ramos de indústria, tudo isso indissimuladamente, em arreganhos de lisonja, como um *clown* calouro, ao barrete cardinalício e à batina inglória dos prebendistas que nada produzem, embora o ventre lhes cresça, inche e enxundie!...

Não está o território nacional a encher-se de mais a mais desses vultos lutulentos que não prestam o mínimo benefício ao país hospitaleiro e gozam, todavia, sem trabalho, serena vida de rosas, abastada e principesca, ouvindo falas doces de crianças gentis, em róseo alvorecer de encantos estonteantes, ministrando-lhes nos confessionários conselhos perigosíssimos, hipnotizando a parvalidade plebeia e escravizando-lhes a vida ao comando autocrata do desejo? — enquanto os próprios países católicos, que tardiamente evidenciaram os efeitos leteos dessa caterva, têm-lhes posto os sectários fora das fronteiras, exortando-os à emocionante aventura das viagens em redor do mundo?

Não se infira destas minhas palavras nenhum ódio ferrenho a ninguém, nem se me acoime de petroleiro, pois que tenho, através da inabalada convicção de ser tal seita a empreiteira funerária do caráter indígena, uns bons amigos cujas calças se escondem nas dobras dos hábitos sacerdotais católicos, embora pretenda convirem eles próprios na profundeza de verdade de minhas expressões. Outrossim, não se pretenda que eu inveje a sorte de ninguém e me oponha à grandeza de sua felicidade, mas que combato com denodo os abusos e malefícios tidos lugar em qualquer parte.

Senhor! — o povo brasileiro não é católico nem positivista, como não é protestante nem materialista! Falece-lhe convicção religiosa de qualquer espécie, porque os seus 13 milhões (senão 15) de analfabetos, morrem à míngua de ideia e de discernimento!

E quem deixa de possuir um tal legado, apenas tem a vida animal... Todavia, a dor física, prostrando e acordando para logo a ideia da imobilização da matéria, induze-o a fazer-se de ostra e apegar-se a tudo o que lhe murmuram os homens da cruz, destarte rolando de vez no valhacouto do fanatismo.

Deixado o leito, vivo, fora a essência humana conservada por milagre divino e intercessão do padroeiro local ante os *bezerros d'ouro* prometidos —o médico de nada tendo valido senão para o castigo dos honorários; morto, fora a alma enferma chamada às regiões etéreas a dar o balanço das graças e pecados, destinando-se-lhe, pela natureza do saldo, um logradouro de expiação ou repouso...

Então, fora o médico assistente o amortalhador desastrado...

E tão palpável é esta sóbria afirmativa, que um espírito de muito talento e valor, o padre Verdeixa, do Ceará, dizia às claras, como apóstolo que se ufanava de ser da Franqueza e da Verdade: — *no dia em que o povo vislumbrar o que em feia realidade sejam missa e vigararia, padre morre de fome.*

Quem o ousa negar? Qual o motivo da reles prosperidade de nossos sertões, senão rezarem os campônios muito mais do que trabalham, entibiados ao mais simples empreendimento pelo temor de um castigo dos céus? Não creem eles serem a faísca, o relâmpago e o trovão, uma prova da raiva furibunda dos Deuses, quando em crises de mau humor?

Vivem, por isso, a benzer-se ao albor matutino, para enxotar, às vezes de *abrenunptio*, o demo que supunham quedo, embaixo da rede, na faina de tentar o espírito mortal com as cintilações de ouro-péis irresistíveis; repetem os exorcismos após o café matinal para destruir o mal, caso tenham ingerido filhotes do *bode preto*; bem como antes e depois das refeições, simultaneamente com os sinais de esconjuro, da cruz, para que o *malvado* não lhes passe ou tenha passado entre os dentes, sorrateiro, e vá estourar, em escorregando pelo esôfago, como uma dinamite... Ainda mais, repetem-nos cada vez que, no correr do trabalho, um arrepio os faz alçar as espaldas, para que a morte, através do físico esgueirada, não mais lhe torne antes de *cem anos*; ao lusco-fusco, quando o capelão fala aos fiéis pela boca dos sinos graves; ao deitar-se, esgotam horas na desobriga da derradeira penitência infligida pelo antístite confessor, rezando terços e rosários, afora credos, *confiteors*, orações fortes contra *peste, cobra-grande, lobisomem, mau-olhado, muiê-dama ou burra-de-padre...*

Outrossim, cada pessoa, com especialidade os facínoras e celerados, tem as suas rezas privadas, ditas de corpo fechado, contra faca e bala, devotando-lhes à penitência largo tempo. E ficam convencidos de que o mais feroz inimigo, se armado até aos dentes, lhes não levará um vislumbre de vantagem: pode alvejar-lhes o corpo nú com um canhão-vovó, porque as balas recuarão ao incidir-lhes a pele; a lâmina do punhal despedaça-se ou amolece, como cera, ao tocar-lhes o corpo fechado; ou então, em solene zombaria, os soldados, empregados em diligências pela captura, passam e repassam por sua frente e não nos veem, cegos pelo efeito das orações-fortes, poderosas, invencíveis!...

Vacina é uma impostura, medicina uma bobagem, alopatia uma inutilidade: somente a reza é onipotente, a cozedura infalível, a hóstia milagrosa!

Essa obsessão religiosa é incontestavelmente um outro cavalo de Átila, a devastar, de vez e para sempre, a luxuriante vida vegetal por onde uma vez vogara acelerado. O sertanejo patrício acredita, sem repulsa, em todos os absurdos que se lhe coadunam com a carolice fanática, entibia-se, sacrificando nas preces a melhor época de trabalho e na generosidade para com os rubicundos curas de aldeia o mais apetitoso quinhão de sua safra, o mais valioso de seus celeiros...

Vão às mãos de sua jeitosa cozinheira — da obesa Fortunata — as loiras espigas de milho verde, os franguinhos polpudos, os perus cevados e tristonhos, os bodes e leitões toitiçudos, as hortaliças, os requeijões frescos e as deliciosas garrafinhas da aguardente mais finamente destilada, próprias para a feitura de um filtro magnífico com o doce mel de abelha, que tão bem lhes sabe...

O signatário desta conhece todos esses fatos por observação direta. Poderia ir bem longe se os quisesse apreciar em seus caracteres diferenciais, através dos Estados, mormente no Amazonas: e se os esboça sem biombos ocultantes, não é por despeito ou cubica da vida faustosa do sacerdote, em sua munificência desde o ritual da manhã até ao jogo de gamão da tarde, mas pela indiscutibilidade do alquebramento por eles levado ao caráter patrício.

E acredita ser um dever por-lhes um termo, baseado em que, destruindo-se nas florestas e jardins os insetos daninhos, as ervas nocivas, os parasitas dilapidadores, nada impede a que se o faça, com mais zelo e melhor razão, na esfera social, com os seus perigosos concussores...

É contra a pujança do país que eles vivem a traquinar.

Os seminários e os colégios de caridade amesquinham o caráter dos párvulos e os deixam em dolorosa contradição com o meio possante, a majestosa natureza brasílea, que ainda carece de razão para produzir temperamentos choramingas, raquíticos, consumptivos... Embora o ensino de um francês falado e umas noções reles do que jaz encanecido nos domínios das ciências e artes, o colegial que deixa de vez os umbrosos tabernáculos das sotainas tétricas e chapelões brancos, vem à luz exterior cheio de pavor, lobrigando o duende do pecado em cada canto; os trasgos do inferno, bailantes no ar, a fazerem-lhe trejeitos sedutores; as lúridas nuvens do mal, estampadas nos olhos de cada tipo da sociedade: de tudo desvia a vista, trêmulo, traçando a esmo cruzes histéricas, balbuciando exorcismos

114

de toda a casta, vertendo lágrimas de contrição... e emudece, se não foge a penitenciar-se, em rumo do oratório, onde *santos* de pau se banham em fluidos undiflavos...

Tem perdido a jovialidade, a perspicácia, a noção de Pátria e utilidade: só fala em catecismos, confissões, salvamento d'alma, no reino dos céus, milagres de Lourdes, esplendores de Jerusalém, almejando, como suprema glória terrena, rojar às fímbrias do manto do Papa, afim de merecer a graça de oscular-lhe as plantas!

E cansado, fatigado, indigesto de orações e obcecado pela magnificência das perspectivas paradisíacas, o monomaníaco cerra as pálpebras à luz do círios...

É uma criatura inutilizada!

Resultado: perde o país a cooperação de patrícios musculosos, na obra de seu aperfeiçoamento, e sofrem as criancinhas a preterição do conforto que a vida embrionária reclama... E esgrovinhada, imprestável, quase exânime, inerme, com uns longes de vida miserável, a gente beata torna-se célula monstruosa, verdadeira ostra antropoforme...

Retorquirão os fanáticos que essa morbidez sendo desejo ou fado de alguém, será tuna violência intervir, abalando-a. A objeção é demasiado frouxa.

A carolice é um inconteste suicídio moral!

Não intervém, porventura, o Poder Público contra o suicida resoluto, procurando obstar-lhe a consumação do intento? Porque, se toda a gente se mata e imbeciliza, o país retrogradará até ao exício irremediável!

E toda a medida — violenta ou tresloucada — preveniente da derrocada de um povo, é integralmente justa e aplaudível, memorável e douta.

Que futuro alcançará um povo psicopático, cuja virilidade definha na genuflexão das orações e bruteza dos jejuns, e que vive a cuidar da salvação d'alma, desprendido das noções de utilitarismo, sem afãs pelo amontoamento de fortuna e sem ambições de grandes feitos, de que dependem o enriquecimento e engrandecimento da Pátria? — raça cujos espíritos, pretensos educados, são ineptos para esmiuçar os destinos do país, o valor e obra de seus homens, a legenda de crimes e descalabros de seus diretores? A vaza deletéria dos níveis baixíssimos, na sedentariedade torpe dos batráquios...

Não fora desgraçadamente essa influência aleivosa — e detentores do poder não teriam aí escalado a muralha íngreme das vilezas e desmandos, impunes, na faina de *encherem-se* e ludibriarem.

É tempo de alçar o pendão regenerador!

Troem-se clarins estridentes, incisivos, arregimentando hostes ciclópicas para a pugna, porque depende de seu triunfo uma grande soma de benefício para a nacionalidade. Acabe-se com a Legação junto ao Vaticano, que é uma hipocrisia nacional, uma mentira republicana e uma sanguessuga da receita, afora a inflição a patrícios, deixados numa fatuidade e mal-estar de representantes de uma nação que os desmente, ante sua Carta Constitucional, nas mais ambagiosas afirmativas, rasga-lhes a máscara dos arranjos e os condena a um tirocínio oficial inglório, inativo, sem mutações, sem abalos, irmanando-os aos sacristãos esgrouviados, undívagos entre novelos de cera queimada e incensos anafrodisíacos...

Porque a púrpura cardinalícia pode servir para insuflar a filáucia dos que almejam condados, baronatos, indulgência até as gerações de um novo período geológico, alteradora da inflexibilidade da apregoada justiça divina, com a franquia para ser celerado e sacripante; mas jamais servirá para, desenvolvendo-lhe o progresso, engrandecer uma nação, blindar-lhe a envergadura da raça, melhorar-lhe a psicologia!

Estes sendo os pontos cardeais de um governo e quedando-se fora do orbe e concurso da batina e da mitra, compelem-no a pô-las fora das fronteiras, máxime quando induzem aos povos probos a menosprezar-nos, pela exaltação ostensiva à hipocrisia!... Um governo patriótico como o dos *yankees* não lhes permitiria um segundo de influência nefanda, após a evidenciação da calamidade por eles alastrada no espírito popular!!

Poder-se-á negar que a clâmide dos apóstolos tenha chafurdado nações, abolorecendo-as ao fim da exibição das ménades, mas ninguém dirá que tenha sido em nenhuma latitude uma clava de progresso e beneficiamento.

Onde o catolicismo não preponderou a raça elevou o território habitado ao ápice do assombro. Os anglo-saxões ora têm a vanguarda da civilização, na ordem *yankees*, ingleses, alemães; entre os latinos, por efeito de proximidade, a França mantém o lugar primeiro, pois tendo sempre sido a menos beata, menos cega, redimira-se aos poucos dos *prejugés* e libertara-se dos abantesmas algozes. Enxotara-os!

Espanha e Portugal, mais afastados dos fortes eslavos, tendo tido toda as chances para exercer a hegemonia universal com a descoberta do Novo-Mundo, ficaram a remoer rezas e esperar manás dos céus, contritamente, até que hoje guardam os mais afastados lugares no flanco das potências. E cada dia mais se desgarram destas, na anciã pela retaguarda, à espera de que os chins e zulus passem...

Tivessem os Estados Unidos sido sempre espanhóis e seu grau de civilização nunca seria o destes dias facundos!

E esses dois países são os mais católicos do mundo.

Furtar-se-á alguém à evidência da proporção inversa entre a intensidade de progresso e a cegueira de fervor católico-apostólico, para arrojar-se a contraditar esta axiomática asserção?

Esse catolicismo praticado no Brasil, amoldado ao fanatismo estólido, prenhe das fantasmagorias ultra-dantescas de um inferno mais tremendo, é um dois grandes flagelos nacionais, uma praga exicial contagiosa, de que a assepsia eficaz consiste em derrocar-lhe o reduto, assim lhe antolhando para todo o sempre a emissão dos fluidos hipnóticos...

Nada o impede de ser executado com brevidade e rigorismo: a Carta Constitucional o protege e o apedeutismo de 15 milhões o exige sem detença!

A ignorância das moles sertanejas afundando mais as raízes no fetichismo religioso por que é responsável o presbítero da paróquia, implica, para vencê-la, afastar a este. A expulsão mostra-se o mais soberbo arco de triunfo...

Um outro faustoso obelisco da ignorância da quase integrada mole brasileira é a aceitação, em 1904, do que se argumentara contra a vacina obrigatória, como pretexto para uma sanhuda sublevação.

Entendo ser um direito das massas ludibriadas insurgir-se contra os maus governos abaçanados, mas às claras, na consciência de sua reação e nunca em automatismo, instrumentalizada pela adulteração do espírito de medidas sensatas, poderosas na facúndia científica. A causa de uma revolta contra os poderes constituídos deve desnudar-se inteira às hostes aguerridas e manter-se-lhes fiel como o alvo ao caçador — à vista e caçado à mira.

Não sou dos que entendem como Maquiavel ser bom todo e qualquer caminho que vá ter ao ponto alvejado. A torção de fatos, até uma situação antipodal, é uma inaplausível exploração da bajoujice e necedade do rodapé social: impregna laivos escuros no caráter branco dos *leaders* das altas ideias beneficentes e rebaixa-os da sobranceira atitude de redentores. Porque, sendo um disfarce, é incompatível com o culto da Verdade e apenas digno daqueles covardes para quem o silêncio, a escuridão e a mentira se constituíram apanágio.

E aí está agora o povo a sumir-se nas fauces da varíola, pagando por sua protérvia um tributo de meio milhar de vidas por semana; aí está a lápide funérea — que oculta a putrescência da massa crédula de ontem, explorada em suas irresistências — a ampliar-se agigantada e a causar mal-estares, vivos remorsos, talvez, aos revolucionários insucedidos, quando, se tivessem oposto ombros à *realeza zulu* do período presidencial findo, na mesma escala ardorosa, indissimuladamente, e deixado a medida profilática ir além, sem oposições contumazes à irrefragável cimentação de beneficiamentos futuros, não se teria rasgado em presente essa tumba voraz aos próprios sublevados, nem o cataclismo horrífico responsabilizaria aos chefes como fautores e seus únicos responsáveis!...

* * * * *

O habitante do interior do país guarda, nas liças políticas, uma posição semelhante a do batráquio, durante a fereza dos estios equatoriais: afunda-se no trevor do não sei, nem ouvi falar, como aquele na vaza putrescente das lagoas.

118

Saber do que se vai a desenrolar na capital da República e seus mais importantes núcleos de atividade industrial e política, ao menos com o atraso de um ano, ser-lhe-ia de fato um grande avanço.

Mas, sublima-se uma alheação tão completa entre os campônios de duas aldeias vizinhas, como a que existe entre um cortiço de abelhas e um ninho de sabiás, porventura encontrados na copa frondosa do vetusto jatobá de nossas florestas!...

A curva do caminho por onde moureja todo o dia a alimária, é o mais dilatado horizonte do aldeão patrício e os alvissareiros relinchos dela à última nota de vida aquém do mistério ignoto da mata...

E quando o cavalo passarinheiro do matuto encoirado, do destemido vaqueiro de nossas várzeas, foge alígero campina a fora, doido e *espanholado* como se *quisiera saltar fuera del mundo*, a pegadas da novilhota vigorosa e desafiante, a vila que muitas vezes se lhe depara às vistas e retarda o passo largo do quadrúpede, é para ele a nova terra de Colombo, um país estrangeiro onde tudo é diverso, pleno de pecados veniais...

Não é, portanto, estranho que o sistema governamental e sua prática entre nós, os homens de Estado mais benemerentes pela grandeza e extensão da utilidade praticada, nossos fins e atual posição entre as muitas potências estrangeiras, sejam de todo desconhecidos, se nem ao menos nosso lema, hino e estandarte são familiares aos simplórios compatrícios, a esses menosprezados caipiras de quem se tem fugido e a quem se tem deixado no palor da ignorância a mais ampla, da bajoujice mais infantil, trancando-lhes a instrução, como eterna medida para evitar o perigo da intervenção desabrida, possante, infalível, se lhes fora dada a faculdade de discernir!!

Apresente-se à mole de brasileiros o acervo de bandeiras de todas as nações e se a convide a retirar dentre elas o seu pavilhão auriverde — e os *quatro quintos* ficarão boquiabertos, no jejum da inassimilação, alheios como se estivessem diante de gringos estrangeiros. Em primeiro lugar, não atinam o que seja bandeira e jamais pensaram se lhe deva existir uma, tão melindrosa e delicada nas susceptibilidades, a ponto de objetivar a honra e dignidade da raça e personificar-lhe a Pátria; em segundo, embalde se lhe intentará desconvencer de que *aquilo* deixe de ser trapos das esquisitas saias usadas pelas turcas, judias e demais bruxas da *stranja* !...

Quanto ao hino brasileiro, poderão ouvi-lo muitas vezes — mas ele nunca lhes acordará a ideia de um cântico nacional, vibrante no incitamento da dignidade além da morte feroz, patriótico na salvaguarda da inteireza moral e material do país. Jamais ouviram falar em tal e por isso não o consideram preferível à *Maria Caxuxa* nem às lendas do *Boi spacio*, assobiadas e tiradas em tons sarnosos, desde a longínqua meninice, às cadências esdrúxulas do *violão-de-barriga*, dos *berimbaus* e *gaitas de tabocas*...

E ainda agora, ao revés de se o espalhar até à difusão do conhecimento pleno, o Congresso Nacional decreta o uso e gozo do hino e bandeira, como privativos do oficialismo do governo: deixaram de ser nacionais, pois que, se pertencessem à coletividade, nada poderia obstar a que cada pessoa os considerasse seus e usasse à bel prazer, como acontece nos Estados Unidos, onde o vi às centenas de milhares, bailantes no ar, em cada canto, desde que os pertences da República democrática *ipso facto* o são do povo, e, com boa razão e pertinência, de sua unidade diferencial — o cidadão livre.

O pendão das *listras e estrelas* constitui por si só uma próspera indústria, na América, fabricando-se-o aos milhões... Cada habitação particular possui-no às dezenas, permitindo-o debruçar-se garboso em cada peitoril de janela ou pender de cada mastro, nos dias de regozijo íntimo ou de festa nacional.

A bandeira multicolor do Brasil — um *pandemonium* de quadriláteros, losangos, triângulos, pentágonos estrelados, círculos, arcos, zonas, segmentos curvilíneos ... em indissimulado açodamento pela mostra do pendor da populaça para a geometria, prenhe de caracteres alfabéticos destinados a acordar inspirações prodigiosas quando embalada pelos aquilões, restringira-se agora a simples símbolo feudal!

Negá-lo seria estabelecer o paradoxo de pretender público aquilo de cujo gozo se destituiu ao povo, segregando-o, pondo-lhe bem longe da vista e do alcance...

*****

É preciso tratar da educação do rodapé social, fazê-lo familiar com o que se passa nos principais centros de agitação política, comercial e financeira internas, afim de radicá-lo com ardor ao desenvolvimento da República, redimindo-o dos males promanados da cegueira beata e prevenindo-o contra a reprodução exicial da tragédia de Canudos — vórtice devorador de moles valorosas, cujos braços hercúleos, à guisa de cimitarras automáticas, melhor podiam ter servido à terra do que decepando cabeças e pulverizando destroços humanos, ao bimbalhar histérico dos bronzes de ermidas fortificadas, adrede construídas para a refrega... Aquela exibição do aprendizado religioso, levada a cabo com pomposa solenidade nos sertões da Bahia, a qual, à semelhança de uma exposição, tivera ao encerramento todas as suas "5200 casas cuidadosamente contadas" por inteiro destruídas, e a pena estupenda de um grande artista e psicólogo, esteta da palavra e dissetor habilíssimo, para revelar-lhe os fatos na magnificência de uma nudez empolgante — terá, de onde em onde, várias outras récitas de efeito e consequência idênticos.

Ela é, no psíquico da raça sertaneja, um fenômeno intermitente, de plena paridade com o retorno do calor às cinzas sonolentas dos vulcões e à periodicidade dos açoites inexoráveis da luz solar sobre o núcleo centro-boreal da República, causadores da calamidade terrífica das secas...

O meio exclusivo de evitá-la está em fazer o povo apto para discernir, antes de entregue àquela impulsão desvairada inerente ao fanatismo.

Para isto, tocar-lhe a curiosidade e facilitar os meios de satisfazê-la até à saciedade, é o que se me afigura de maior vulto e presteza de efeito.

O caso é, em delicadeza, similar ao da educação de crianças — de quem a pedagogia moderna não consente em fatigar a imaginação estreante, sob o mau trasgo da obrigatoriedade, mas a quem procura, pela sutileza da referência, aguçar o desejo de entendimento e a anciã derivante de saber tudo...

Convenho em que se não espancam os sentimentos e credulidades, fundamente arraigados na vetustez dos costumes de uma plebe asselvajadíssima, com a mesma facilidade e prontidão com que se nos *reorganizam* por inteiro as secretarias de Estado, o exército e a armada, o ensino e a higiene, ou se pronunciam crisólogos discursos em defesa de projetos de lei, que nunca se discutem e ao mais das vezes não logram parecer das infatigáveis Comissões de Poderes, sofrendo-lhes na pasta a gostosa endemia do sono — mas também rejeito ao empreendimento a paridade dos empecilhos sobrevindos aos exploradores das regiões polares e aos navegantes aéreos...

O jornal é, no assunto, o grande veículo desejável; mas tão somente a folha modelada em formas modernas, flagrantemente em oposição ao periódico de nossas aldeias, na farta prenhez de transcrições dos milagres de Lourdes, dos castigos vários emanados do âmago dos deuses furibundos e do arrebatamento de almas incautas pelo Satanás de lábias abemoladas, lantejoulantes...

Tais periódicos são inestimavelmente nocivos : crestam o entendimento que trai promessas de louvável emancipação dos moldes atrasados, ridículos, criminosos sob disfarce de inofensivos, e ainda preparam fiéis porta-vozes ao programa funesto, fanatizando-lhes os espíritos de pascácios ante as macabras *maquettes* do céu e inferno.

Ninguém intente descobrir nestas minhas palavras um insólito ataque à Igreja com os seus ditosos antístites, nem ao culto *professado* pela quase totalidade da comunhão brasileira, em sabendo de antemão não me filiar eu à religião do Calvário, sob o ritual romano — mas a delineação de um plano de campanha necessária pró-Pátria. Toda e qualquer religião é, como fonte de sãos princípios dessa moral em que se deseja ver estribado o caráter humano, demasiado boa e justa e aceitável!

Nesse plano todas as seitas têm pontos de franco contacto. Mas quando o sacerdócio foge das raias das atribuições privativas para explorar irresistências à credulidade, por mais néscia que esta seja, e visa deixar o psíquico alheio na mais trevosa escuridão, para, como o cupim, torná-la consentânea com os projetos egoístas e levar o apriorismo à altura do novo alvo desejado; quando atrofia a unidade de massa, integra-a na família e, insatisfeito, distende-a à sociedade em peso — então se torna iminente o perigo e obrigatória, devida, inadiável e escachante, a intervenção do Poder Público.

Afora o sacrifício de um ou mais, justificado pelo salvamento de muitos mil, há, a mais, a restrição da lei ao topete dos abusos sem peias, pretendidos infligir à sombra da liberdade que a Carta da República assegura, dentro de limites à conveniência pública, aos sectários de quaisquer doutrinas, por mais irrisórias ou abstrusas que sejam. Se o coletivismo e o comunismo se desgarram do orbe permitido e penetram no círculo idiota do anarquismo, toda a gente lhe considera de cabal justificativa, quer a suspensão dos direitos de livre culto, quer a virulência da inexorabilidade da justiça levada ao extermínio! Ninguém há que negue ser lícito, a quem julgue ter terminado a missão de utilidade social, o fugir da vida, de qualquer maneira; mas nem por isso a lei permite vender-se-lhe o veneno ou a arma redentora, inda mesmo no caso do heroico, estoico suicida, ser um leproso, sifilítico ou epiléptico, e congregar todos os motivos para restituir à podridão a matéria inútil, relaxada e ruim, anos atrás havida da terra sob empréstimo...

E por que se não evitar o alastramento da insânia pela obsessão devota, de fato o mais perigoso dos casos patológicos, por isso que transmuda cada fraco em um leão indômito, indiferente à morte, ante a fácil esperança de atingir, pela grandeza do brutal sacrifício, os prometidos esplendores da eterna bem-aventurança celeste ?

Cabe ao governo a intervenção, na espécie. Ele terá sempre carradas de razão quando, à semelhança do povo francês, expulsar das fronteiras nacionais tais vendilhões baratos, agitadores manhosos, energúmenos sacrificadores da viçosa floração das promissoras inteligências e cultivadores do musgo agreste das crendices incondicionais no coração fértil da plebe.

Deixarão os demagogos católicos de ser os anarquistas d'alma rude da turba popular, os petroleiros irritantes de sua pacífica tranquilidade — e ante isso, os fautores diretos de nossa atitude retardatária, senão involutiva?

Negar-se-á ser revoltante o fato corriqueiro desenrolado nos sertões exsicados do Norte, de mães esqueléticas sofrerem, no interior das igrejas rústicas, as agruras do jejum ou os estertores da fome de muitos dias, ao mesmo tempo em que carregam nos braços os miseráveis filhos pequeninos, órfãos do mais leve conforto, e escorregam pelos rosários sebentos os dedos magros, descarnados, exatamente depois de terem deixado cair na bolsa, adrede colocada no princípio da nave do templo, a gorda promessa tempos atrás alçada, em horas de sofrimento e agonia?

Deixar-se-á de ver o clericalismo derivar largas rendas e estribar sua tranquila existência epicurista nesses rasgos de heroísmo do coração feminino brasileiro, enormemente criminoso se tomado em boa nota o sacrifício próprio e o dos inocentes filhinhos?

E não será uma obrigação do governo intervir, no caso vertente, em favor do fortalecimento da espécie (porque de más árvores nascerão sempre frutos raquíticos), em proteção ao necessário vigor de gerações vindouras; bem como prevenir a sedução avolumada de espíritos jovens, volúveis, pelos diretores de seminários e colégios de caridade, cujos *benefícios*, até o presente patenteados, têm sido o definhamento mental e a privança de esforços juvenis no congresso do trabalho indígena — com o cerceamento até à maceração oposta à natureza, nos conventos e eremitérios?

Quando se descure disso, por covardia ou triste obsessão religiosa, tem-se implícita coautoria no terrorismo das ocorrências lutuosas e feito jus ao apupo de todos os bons patriotas, que devem zelar pelo bem da nação, evitando-lhe o exício deprimente!

* * * * *

A covardia comunicativa tem-nos crestado a florescência das energias viris da raça, sob a excitante reverberação equatorial.

Ninguém se balança a apontar o mal depredador, que se alastra com a virulência e a morbidez das gangrenas, se os seus tentáculos são deveras multiplicados e se mostram aderentes a todas as classes sociais, pela pusilanimidade ao ódio capaz de levantar-se e à probabilidade de a cabeça dos agitadores saltar fora do tórax mortal!

Daí os desgarros do dever e furtos ao cumprimento da lei, o despoliciamento de nossas cidades e a ascensão consagrada dos bandidos, dos assassinos vulgares, eternamente incólumes em suas façanhas e carnificinas...

Quem evidencia o tremor covarde do povo e tem o arrojo de

brandir, ao serviço da habilidade, do jeito e da chicana, a faca e o cacete, tem assegurado *ipso facto* uma larga nomeada e suavidade de vida... A extorsão para logo se arvora em princípio e o querer incondicional se empolga, qual um outro *in hoc signo vinces*, aos cangaceiros impunes!

Antonio Silvino palmilha a vastidão dos sertões setentrionais, levando de vencida a *fraqueza do governo* que há muitos anos lhe vive a dar caça, mas a quem, em solene menoscabo, o facínora pede vênia para a *entente cordiale*, aos bocejos de seu bacamarte... Os celerados dos sertões facilmente trazem a varredura até às ruas mais movimentadas das capitais de Estados. E lá, muitas vezes, em seguida ao roubo da vida de uma criatura suposta protegida pela lei, em plena praça pública, eles ainda escarram à face quente do cadáver e saem a dormir pacificamente em seus redutos, como se nada de anormal lhes houvera acontecido... Este fato não se reproduz amiúde, mas tem tido lugar em vários recantos do Brasil.

A justiça, que devia acabramá-los, vai-lhes de mais a mais temendo as abafas ab-reptícias...

Entretanto, fato singular!, os crimes que em mais alta monta se registram nas grandes cidades — o atentado contra a propriedade — são no Brasil muito mais escassos do que os assaltos à vida alheia.

Leva-se a ponta aguçada dos punhais ou as mensagens dos rouquenhos bocas-de-sino ao coração de qualquer pessoa, com a mesma facilidade com que se experimenta a sazão de uma melancia ou se alveja a um pássaro incauto. E isto ao mais das vezes acontece por motivos futilíssimos, para acabar a altercação de ser o homicida mais homem do que a vítima...

E os crimes de depredação, por serem em pequena escala cometidos por jurisdicionados, são avocados a si pelo governo, como insinuação talvez a que os delinquentes percam a ressaltante semelhança psíquica com os napolitanos e caiam nos moldes dos *blackhanders* de Nova-York...

De fato, o indígena aí mata muito mais do que rouba, deixado ao Poder Público o avantajar-se na recíproca. E, em qualquer caso, o júri — essa instituição concebida com tanta nobreza de sentimento pela extrema responsabilidade de suas sentenças — é, entre nós, ora uma fábrica de passaportes criminais, ora um torpe cilício de vinganças. O fero assassino dela recebe vívidas insinuações para abater seres humanos, do modo o mais trágico e fácil, ou para mostrar-se um tira-vidas sem dor, enquanto, pelo outro lado, o indigitado autor em cujo processo-crime se não apresentam os indícios veementes da lei, paga bem caro a suspeita ou a infundada imputação!...

É o tabernáculo onde o celerado atávico, após a estreia pelo batismo de sua ainda acanhada piabinha, vai receber palmas e estímulos... porque a absolvição é quase sempre o prêmio conferido ao matador!

Ora, os jurados que em geral aí compõem o conselho de sentença, são analfabetos e mestiços: não podem, como tal, pesar as agravantes do delito — e como também sejam, por índole, inclinados à criminalidade, não hesitam em inocentar ao réu, crendo-o haver agido dignamente e proclamando-o valoroso; outras vezes, contrário aos ditames da consciência, mas por uma forte insinuação exterior, declarando culpado ao pobre diabo por outrem perseguido, aplicam-lhe a pena máxima...

Outro caso frequente é o da peita ao corpo inteiro de jurados pela bolsa do facínora abastado, quando o júri, concluindo sem pejo por negar-lhe, sem embargo da minuciosa confissão produzida, a autoria do crime, em todos os pormenores contidos nos autos, absolve-o! O conselho de sentença proclama cada dia, em toda a parte, ter sido *pilhéria* a confissão feita pelo acusado, jamais procurando prová-lo no mesmo estado de espírito daquele plebeu que, pelas minúcias do horrível assassínio descritas nos jornais diários e pelo amedrontador interrogatório do chefe de polícia russo, se autossugestionara a ponto de declarar-se autor do feito de Raskolnikoff, tão magistralmente dissecado por Dostoiévski.

Mas o caso mais vergonhoso é aquele em que o júri nega a imputação ao gatuno reles, apanhado em flagrante delito, com a boca na botija, na frase expressiva do *caipira*, liberta-o e manda-o descaradamente haver do roubado os troféus da vitória. Desnecessário esclarecer serem estes quase sempre papel moeda...

A desmoralização assim plena da segunda instituição de garantia social deixa a vida do cidadão livre no plano das larvas, que se esmagam com o tacão das botas, e amedronta sobremodo aos naturais de outras nações, degenerando em gravíssimo detrimento desse país. Ela é ainda consequência da ignorância da massa popular e derivante da degeneração psíquica da espécie dominante no Brasil, em face da lei dos híbridos, que a grande totalidade o é...

Ressentimo-nos, em face de quejandas ocorrências, da falta de policiamento rigoroso e igualitário: garantia individual não existe, pois a bofetada levada à cara de alguém, nos logradouros mais frequentados, ao invés de um atentado, é um ato de bravura merecedor das congratulações de amigos; ao mesmo tempo em que a sociedade, em peso, impõe ao obsequiado — e lho espera da dignidade ultrajada! — o rasgar, por intermédio da lâmina afiada do punhal ou da impetuosidade da bala de revólver, a sepultura ao agressor.

Ainda mais, o hábito inveterado vai sagrando, como direito do homem, dispor de qualquer modo da vida da pressuposta mulher infiel; mas ainda lhe não permitiu separar-se dela e deste modo patentear sobranceira dignidade aos olhos da massa social. Contradiz os ensinamentos da Igreja o divórcio, não o faz o homicídio!!

E toda a gente, sem distinção de hierarquia, saúda e recebe ao assassino fero, enquanto escarnece e foge de quem preferiu o abandono ao derramamento de sangue.

Isso vem a pêlo para reforçar a asserção de sermos mal policiados, mal administrados, sem compreensão de dever, sem noção de ordem.

Não contribui para isto somente a frouxidão e o apedeutismo administrativos destacadamente mostrados até o presente. Influi, sobremodo, a índole do povo, a herança dos avoengos...

A legislação especial sobre o casamento e o divórcio, prevenindo a existência de vidas incompatíveis e gerações sacrificadas; fazendo cessarem os tantos males hediondos, resultantes da ignorância dos motivos fortes de impossibilidade, bem como poupando fúrias sanguinárias com a separação breve dos cônjuges, que acreditassem haver incorrido em erro, em se unindo — é de uma urgência e relevância irrefragáveis. Sua não codificação reverte em desabono de nossos princípios e instituições.

As leis vigentes induzem à nulidade do casamento civil, se a consumação prescrita se não segue ao contrato legal assinado; mas negam o direito de obstá-lo, se a priori provada, afora de dúvidas, a impossibilidade de o ato ser consumado... É um contrassenso!

Obriga-se destarte o pudor virginal ao abalo de exposições chocantes e à divulgação indiscreta dos melindres de uma tal desdita, fazendo-o saborear os azedumes da mais dolorosa experiência, quando, se houvera recursos apriorísticos, tudo se teria evitado...

A elevação do assunto escapa-me à modéstia da carta... *Sursum corda!*

*****

V. Exa. delineou com incisão os nossos males e privança de sabedoria, mas faltou dar à tela os tons apropriados, por temer talvez ofensas à susceptibilidade de outrem, ou pela sisudez do convencionalismo oficial. Todavia, deixou frisantes certos erros arraigados e concentrou, na brevidade do fomento da viação e povoamento, a melhor impulsão para o vasto país.

Se em sua concepção do povoamento entram, como fator, a seleção das raças pelos costumes, está naturalmente indicada a necessidade de intervenção na índole muito quieta do português, em razão de sua afinidade patológica ao parasita africano, bem como a batida do beatismo e da bestificação devota, cujas mostras de utilidade têm sido a imbecilização e a loucura levadas ao espírito da populaça.

Os males atuais são desgraças de origem.

É estranho como V. Exa., devendo estar convencido do atraso que as nuvens negras da Guiné e Zambeze, ao aceno dos lusitanos, nos trouxeram à Pátria, não tenha de há muito tomado as mais enérgicas medidas, sem embargo da mal-entendida odiosidade apregoada pelos zoilos, contra a entrada de espécies inferiores no território da República!

A imigração crescente de negros de Barbados e Índias Ocidentais é a mais franca testificação da incúria ou impatriotismo de um governo. Funesta sob todos os pontos de vista, ela nos condena ao desaparecimento e promete fazer, ao seu influxo, triunfarem a preguiça, o roubo e a ferocidade de vingança, a si inatos, reproduzindo-nos a torpeza dos quilombos ou os cenários lúridos da Martinica... Mas estes encontraram uma absoluta redenção na lava lustral do flamispirante Mont-Pelê e aqueles a rijeza do heroísmo batavo nos prélios pelo extermínio — enquanto não nos temos em favor.

Prepara-nos, além disso, com gravidade de danos, uma República cabinda, bem digna de completar um *trio gloriosíssimo* com a Libéria e Haiti, governadas ao crocitar de abutres...

Deixará, por acaso, de ter o organismo administrativo nacional o exemplo sugestivo da negralhada que ameaça a tranquilidade e intenta desterrar a paz do convívio dos povos brancos, na vastidão sul dos Estados Unidos?

Faltar-se-á compreender o quanto de nociva e monstruosamente delituosa é a absorção do negro pelo branco, em prol da criminalidade nata dos cafuzos e mulatos, e da consequente retrogradação da espécie boa?

Deixar-se-á também de reconhecer o mau efeito pelo pigmento preto trazido ao espírito do estrangeiro que pela vez primeira salta em Bahia, Pernambuco, Maranhão e Pará, logo acreditando pisar as várzeas do Congo ou as formações vulcânicas das Antilhas, onde de cada canto se desprega um odor indiscreto de asa de urubu bolorenta?

Contestar-se-á tampouco a imensurável inferioridade dessa espécie antropoide, em face da ciência, bem como sua parte ativa em nossa involução, por toda a parte em que o contingente africano, amalgamado com o português — da vastidão mefítica dos quilombos ao abolorecimento repugnante das senzalas — penetrara fundas raízes?

E por que lhe não opor um paradeiro forte e salvador, agindo na conformidade sábia do provérbio de *nada querer* se nos não for dado o que de *melhor existe*.

É o caso de preferir não ter corrente de imigração nenhuma, a tê-la de macacões d'África!

Este assunto é motivo de uma outra representação minha, sob bases científicas irrefragáveis, ao governo da República.

E a imigração amarela? Não será um ato de irrefletida temeridade receber as hostes avantajadas desses peões sagazes, aceleradamente e sem restrição nenhuma, dentro de nossas fronteiras, deixá-las crescer e fortificar-se com inteira segurança de atos, em discreta espionagem, para em futuro, à semelhança do que se passara nos Estados Unidos, sofrermos imposições audaciosas, prenhes de pretexto à expansão a todo o transe intentada, expansão que é o apanágio dessa raça tenaz, extraordinária?

Por que o nipão, como o chinês, embora em menor grau, tem o preconceito do nativismo: se não se deixa absorver pela raça branca, rejeita, com mais forte razão, as chances para chafurdar-se com a espécie carvoeira! Seus núcleos coloniais são dinamites à prova de fogo, aprestadas para todo o momento em que as circunstâncias exigirem a explosão...

Ademais, sua audácia leonina, ontem revelada no mar e em terra, deve causar maduras reflexões, e deixar-nos em guarda, na voz da esgrima, pois lhe estando na índole a expansão, a refrega única, consentânea com a dignidade atávica, é a que mira os povos mais fortes, para que a vitória lhe saiba melhor!

Assim compreendendo e fazendo justiça aos altos méritos de um tal povo, certo não haverá de nossa parte o mais leve melindre à susceptibilidade em lhe embaraçarmos os planos para, em consequência, garantir a paz futura da Pátria. Sirva, como grito de alerta, a iminência da breve luta feroz com a grande República irmã fatal, inevitável, perigosíssima aos destinos de ambos os continentes do Novo Mundo!!

Se da empreitada os Estados Unidos se saírem bem, triunfantes, em caso nenhum os *boys* do tio Som tornarão às suas fronteiras na plenitude da rijeza sentida antes da peleja: cheios de chagas, escalavrados e sugados quase aos ossos, senão feitos montões de esquirolas, necessitarão de largo tempo para a convalescença... Mas, durante esta, podendo ver-se à mercê da inveja e caprichos de outros povos, caem na iminência de vir a ser tutelados ...

Reflita-se com abastança sobre o tema e não se lhes queira

essa posição dúbia e ameaçadora, para nós falha da mais leve justificativa, ora enfrentada pela raça gigante de que Roosevelt toma a vanguarda e põe toda a habilidade, energia e valor a serviço da sondagem dos horizontes indecisos, escuríssimos, avante dilatados numa infinita angústia de incertezas...

Nada se podendo assegurar a priori, fica o vaticínio obstado e a sorte de um grande país à discrição do poder visual e a critério do seu timoneiro. A cerração oculta o cenário e as promessas de luz são vagas e fugidias como as miragens...

Tomadas essas duas precauções e estreitado o orbe de ação do clericalismo, no tocante à germinação satânica de sementes no terreno da consciência popular, prevenida mesmo a cultura de outros frutos venenosos, V. Exa. terá feito ao país o mais alevantado e imorredouro serviço, podendo ver, ao cabo de dois simples decênios, a beleza perfeita da floração nova.

Um assomo de coragem, nascido da grandeza máscula de uma convicção bem pesada — que venceu a todas as objeções opostas — basta muitas vezes, à maneira do ato temerário da mobilização da esquadra norte-americana, através de 15.000 milhas, para frustrar um plano maduramente discutido e locar um íris de bonança por sobre os destinos de um povo!...

Se temerário e perigoso, não deixa de ser nobre! — e isso basta como conforto e como defesa a um programa.

*****

Vai bem longa esta revelação franca dos meus sentimentos e visões, talvez por demais vitriolada no sentir de muitos, mas em absoluto sincera e pensada. É tempo de fazer-lhe o sumário.

Depara-se-me um aviso telegráfico de aí e, com pugentíssimo pesar, concluo do afrouxamento do critério legislativo de nossas Câmaras, ante essa medida veementemente delituosa acabada de votar e mandar à sanção.

Dir-se-ia terem perdido a consciência do dever os delegados

131

do povo brasileiro. É uma outra mão gêmea, fatídica, a agarrar-se como o Convênio de Taubaté, às alças do esquife da República.

É que num país dotado de uma heterogeneidade inigualável de costumes, onde cada Estado federado tem estilo privado por motivo do fechamento de comunicação com os demais, quaisquer medidas criadas de encontro ao congraçamento dos núcleos habitados são atentados de lesa-patriotismo da maior bruteza.

Não o entendem desse modo os chamados representantes do povo: e ao mesmo tempo em que cortam 3 milhões esterlinos na verba necessária aos serviços a cargo de V. Exa., tendentes à execução das medidas urgentes de que dependem nossa grandeza e renome, autorizam ao governo a despender, numa mostra solene de vaidade filauciosa, uma *soma ilimitada* para a recepção de um hóspede de sangue-azul, membro de uma casa de todo destituída de influência na política europeia e regente de uma nação e povo por demais conservadores...

E esta autorização impensada, extemporânea, irrisória, é dada num período de calamidade financeira, quando o governo se esforça por empréstimos em termos deveras onerosos e os três principais gêneros de produção indígena — café, borracha e açúcar — se sepultam no pélago da mais acelerada desvalorização!!

E quem pode negar que, se o destino não se lhes tem oposto à monstruosidade do desejo, não estaria hoje a Pátria endividada ao extremo, aprestada mais tarde para evidenciar uma absoluta insolvabilidade, afora a fatal paralisação de todas as impulsões ao reclamado desenvolvimento territorial?

O prazer efêmero de ter visto e delirado urras às cabeças coroadas, teria passado com as brizas mansas da Guanabara, e os centros remotos do país, mais avaramente conservando as riquezas naturais ignoradas, melhor se teriam adaptado à alheação dos que tivessem passeado pela rua do Ouvidor e em caleches rodado desde a Avenida Central à Beira-Mar, afora, em caminho de *pic-nics*, excursões, convescotes e quejandos espalhafatos...

Este simples fato, curado pela boa sorte, dá a medida exata do enfraquecimento mental, que se avoluma entre nós de modo assustador!

A viação é a cruzada tenaz que todos devemos impulsionar, numa concentração ciclópica de esforços. Ligam-se-lhe invariavelmente a exploração das riquezas minerais, as pesquisas das florestas, a industrialização da lavoura, a sistematização da agricultura e irrigação dos cérebros estéreis dos matutos e bugres dos sertões sombrios. A locomotiva é o seu grande fator: e se esta for, em leito suave de trilhos paralelos, até às docas adjacentes aos cascos dos possantes leviatãs dos mares, encarregados do congraçamento dos povos civilizados, então a plenitude de sabedoria de seu fomentador é inestimável!

Vem, como derivante, o povoamento do solo pela seleção imigratória, pela imperiosa necessidade de braços para as fundações do monumento do progresso, no país nascente.

Somente isto basta para imprimir a uma nação nova um movimento de boa direção. Se assim pensando V. Exa., pouco lhe importe os tropeços no caminho pretendido trilhar e o apedrejamento por parte de quem, não podendo trabalhar com o cérebro, o faz com o braço tresloucado, em assomos de *rabbia* e de inveja! Prossiga impávido, de ouvidos fechados aos vagidos dos hidrófobos que lhe perlongam a enormidade da trajetória, pois, de todos os lados e a cada instante, dezenas de cérberos virão ostentar-lhe às vistas os dentes aguçados...

Mas, faça obra completa, fundamente douta, a despeito de quaisquer odiosidades e da maior inveja despertadas — do contrário, será preferível rescindir a incumbência, que se cometera, e tentar fruir a costumeira sesta dos políticos militantes, à sombra dos parvos *engrossamentos*!...

A uma medida profissional que me surpreende não ter ainda V. Exa. procurado impor com um rigorismo ditatorial — é a unificação das bitolas das estradas de ferro, obrigada o quanto antes por uma legislação federal intergiversável.

Esquecê-la é um erro de profissão imperdoável; deixar de aplicá-la é uma desídia administrativa monstruosíssima!

Dela depende a facilidade de transporte pelo tráfego mútuo e deriva-se a mais conveniente medida estratégica para a nação.

Sirva de exemplo a rede unificada que cobre a vastidão dos

Estados Unidos, sem uma bitola diferente num desenvolvimento superior a 500,000 quilômetros, permitindo os vagões de uma companhia trafegarem sobre os trilhos de todas as outras, trazendo recursos prontos durante as interrupções por acidente e franqueando ao governo, dentro de poucas horas, a concentração de todas as forças armadas em quaisquer pontos da colossal República.

Ademais, o tráfego mútuo abre a competência e ocasiona inapreciáveis favores ao industrial e a toda a gente, pelo ensejo da oferta e da procura, com toda a liberdade de opção...

*****

Nossas estradas jazem como organismos diversos, esfacelados, num pandemônio indescritível de leis internas, tarifas, estilos e direção.

Ora segregadas entre cidades sem importância, no cerrado agreste dos sertões, ora atingindo o litoral empobrecido, todas se desconhecem, não se auxiliam e sofrem uma feia escassez de recursos, em pleno apodrecimento de uma inatividade criada pelo egoísmo estúpido das altas tarifas. É o país único do universo, novo e riquíssimo, onde a estrada de ferro se não agiganta em *regímen* de maravilhosa prosperidade financeira! Exceção da Santos a Jundiaí, todas as demais da nação, extensas de 18.000 quilômetros, vivem na magreza do equilíbrio entre as rendas e despesas, com saldos ridículos para as empresas, em atinência do capital nelas empregado, senão avultados déficits para o Estado.

Isto é simples consequência do mal-entendido privilégio inicial, monopolizador de áreas de largura de 60 quilômetros, dentro da qual ninguém mais pode passar com outra estrada, salvo sob explícita condição de não receber carga nem passageiros, dentro da zona privilegiada. Absurdo sem igual, pois que se não pode admitir a construção de uma estrada para fim diverso do de transportar cargas e passageiros, tem ele tão somente cooperado pela fixidez das tarifas desbordantes, parasitárias do industrial desprovido de abastança de recursos, e insistido em favor da vitória pelo cansaço, pelo esgotamento...

É o caso da Baturité, que, gravando ao derradeiro ponto o transporte de querosene, induziu a que, a despeito dos rigores da canícula de 1905, em toda a extensão aproximada de 200 quilômetros desde Fortaleza a Quixadá, sertanejos astutos organizassem comboios de alimárias exangues —verdadeiras carcaças semoventes — e se propusessem a transportar-lhes no costado, por menos da metade das tarifas daquela!, os gêneros escandalosamente gravados. Os comboios a vapor partiam cada dia, deixando a perder de vista, no torvelinho de poeira levantada à célere passagem, os volumes sobrepostos ao dorso das caravanas mergulhadas no revérbero dos caminhos esbraseados, todavia demandando do combustível empregado a mesma quantidade de energia calorífica para tração!

Certo, os comboieiros auferiam lucros satisfatórios, compensadores do martirológio da empreitada: e a estrada, dispondo de esforço inanimado considerável, preferia desperdiçá-lo a satisfazer-se com esse mesmo lucro que enchia a medida de ambições de particulares. Queria-o bem maior do que o dobro e não se importava de vê-lo fugir por algum tempo, porque lhe acalentava a certeza de aos competidores vencer pela fadiga e ao fim impor-lhes todos os absurdos. As alimárias morreriam sob a canícula ígnea e os prejuízos subsequentes seriam fundo ensinamento a novos espíritos de oposição e revolta!

É quase inacreditável! E como este, multiplicam-se os casos, Brasil afora...

A tonelagem transportada pelas diversas redes ferroviárias é reduzidíssima, em razão de ser o frete ao mais das vezes muito mais caro do que o valor de vários gêneros desejados conduzir. Perdem-se por isso, por falta de consumo e de mercados, inúmeros artigos cuja indústria, se fora sistematizada, poderia franquear magníficos resultados a quem se lhe dedicasse.

E eles apodrecem, restituindo à própria terra, intacto, aquilo que generosamente fora por ela ofertado...

Se os comboios correm, forçosamente, entre certos pontos, por que se deixar de ser hábil e de oferecer em começo um transporte gratuito, a toda a gente, para destarte fomentar vantagens às indústrias raquíticas e lograr mais tarde os bons lucros pretendidos, quando estas se tiverem consolidado com a colocação imediata dos artigos produzidos?

Mas, o *regímen* e a hermenêutica do egoísmo dominam em nós e o meio exclusivo de escachá-lo adormenta no estabelecimento da competência pelo tráfego mutuo, o que equivale a dizer, no congraçamento de todos os sistemas ferroviários do país, pela uniformidade de bitola.

Embora seja mais vantajosa, na técnica, a bitola *yankee* de 4P 8½ p (1,435 m) a maior extensão das estradas ora em tráfego na República é construída na de 1,00 m; isto induz a adotá-la como a mais fácil, proibindo-se terminantemente doravante a construção de estradas do tipo da Sul de Pernambuco, com 5P e 3p. (1,60 m).

Sugeriria a V. Exa. que as ferrovias de penetração, laboriosíssimas e sobrecarregadas de dificuldades técnicas, afora o perigo da insalubridade das regiões atravessadas em seu percurso, como a Madeira-Mamoré, fossem simultaneamente avançando com uma linha provisória de bitola de 1P e 11½p (0,60m) até aos 50 km, quando, em face dos meios de transporte mais ou menos fáceis de então, seria dado início à locação definitiva, no tipo geral. Esse sistema provisório abreviaria a empreitada árdua e garantiria mais seguramente a vida dos pioneiros contra os assaltos violentos dos microrganismos e os ataques possíveis das hordas de selvícolas; facilitaria a batida em retirada, para os núcleos de sofrível conforto, de todos aqueles que, à vanguarda, como sentinelas avançadas, marchassem com os serviços de reconhecimento e ensaio, não mais os deixando à míngua, na orfandade lutulenta dos charcos...

V. Exa. está a animar vivamente o desenvolvimento de caminhos de ferro, a exploração de minerais e a construção de portos. Não pode haver mais aplausível programa, nessa pasta. Apenas urge que o ensaie executar de ouvidos cerrados aos reclamos tolos da politiquice mal-sã, para levá-lo a bom termo.

Tivera V. Exa. recomendado e insistido pela inadiável construção da verdadeira artéria vital dessa República — a via férrea que ligue, através do espinhaço central, as bacias do Prata e Amazonas, partindo de Corumbá, passando por Baía Blanca e Cuiabá, seguindo a margem direita do rio de mesmo nome e a falda das serras de S. Jerônimo e Tombador até tocar em Diamantino, cortando o *plateau* de Arinos, galgando o *divorcium aquarum* das bacias do Tapajós e Xingu e vindo terminar na cidade de Santarém, bem como facilitasse a que nela viessem entroncar os demais sistemas ferroviários dos Estados, por tal meio comunicando-os com o litoral — e o mais douto e perfeito plano de prosperidade do país estaria delineado ao critério dos Poderes Constitucionais.

Essa estrada viria, em breve futuro, ocupar congênere posição à de qualquer das que ligam Chicago — núcleo de comércio das grandes bacias fechadas do norte da América, a Nova York — maior centro de comunicação com o estrangeiro.

Ao longo de seu traçado floresceriam a lavoura e a agricultura, em proporções colossais: e o Brasil dessa época, apresto a abastecer de gado, café, borracha, algodão, madeiras e fibras, ao mundo inteiro, teria seu comércio para a Europa feito simultaneamente pelos portos de Rio, Bahia e Recife; para a América pelo de Santarém, com escala por Belém, e para o Pacífico (já que as vantagens da expansão territorial jamais nos acordaram a ideia magnífica da conquista de bons portos no Grande Oceano!) pelo porto de Rio Grande.

Como portos de escala, adicionais, abraçados pela teia de viação férrea, os de Fortaleza e Paranaguá, em o Norte e Sul, completariam a perfectibilidade de um traçado de comunicação geral.

É fundamente nociva a imposição, gerada por um misto de despeito e inveja indefensáveis, feita pela política de Estados como Piauí, Paraíba, Rio Grande do Norte, Alagoas e Sergipe, em favor de seus respectivos portos de mar — porque estes, ainda não tendo logrado a importância comercial precisa para entreter largas relações diretas com os países estrangeiros, bem podem mantê-las por intermédio dos grandes portos nacionais, para o que não necessitam senão de uma boa, rápida e confortável ligação terrestre, por caminhos de ferro, com os Estados vizinhos. E a soma que se despende em tantas obras pequenas, inúteis no momento, vem desgraçadamente cooperar pela mera privança da melhor instalação daqueles. E tudo degenera em a norma albadeira de querer *muito e ruim*, em lugar de *pouco e bom*!

Podendo-se fazê-los todos, ao mesmo tempo, sem detrimento de nenhum dos mais importantes e imprescindíveis, certo muitíssimo melhor o seria, além de mais vantajoso e acertado ...

Mas desde que, por infelicidade, nos falece para tal propósito a básica abastança de recursos, nada há a fazer-se diante das circunstâncias exíguas, afora deixar-se no *status quo* atual, servidos pela navegação de cabotagem, os pequenos portos de Tutoia, Aracati, Natal, Cabedelo, Maceió, Aracaju, Caravelas, Vitória e Desterro, e ativar-se, a todo o transe, a acessibilidade dos outros à amplitude da navegação estrangeira e ao abraço fraternal com aqueles menores, por meio de trilhos Vignole.

Seria geral, sem dúvida, o benefício decorrente.

＊＊＊＊＊

Releve-me V. Exa. ter tomado a pena para o aplaudir, cheio de entusiasmos pela pressentida ressurreição da Pátria, num semi-esquecimento dos malfeitores aí endeusados, e haver insensivelmente aportado a esse caos de pungentes considerações sobre os erros e faltas nacionais, comentados de modo vivíssimo afim de atear certo encorajamento à alma do povo bestificado.

É que sentimentos verdadeiros não se escondem, nem disfarçam: fosforescem na escuridão e fuzilam, cindindo o âmbito anarquizado, logo que a mínima fresta lhes abre apertado ensejo de esgueirar-se...

As incoerências de nossos homens públicos, notadas pela estupenda distância entre as palavras que lhes vestem as promessas fementidas e os traços escuros que lhes emolduram a paisagem das ações, desterram a calma do mais pacato cidadão e fazem-no tresloucado.

Atenda V. Exa. ao império dessa impulsão para ver que se não contém nesta missiva jacobina algo de propositadamente agressivo, de calor antipatriótico, desinquietador, ou o prurido de dizer mau de nossos avoengos, bujamés e catequizadores patrícios, e, ainda menos, uma negação de hospitalidade aos vizinhos e hóspedes de sangue alcatroado. A um, se o quisesse, opunha-se-me o jacobinismo; a outro, talvez, a escassez de meios escachantes...

138

Cônscio de acharem-se saturados de palpitante brasileirismo todos os assuntos aqui abordados e dos salvadores efeitos que a campanha acima delineada vem trazer-nos, abro-a aos olhos do público nessa fase de cálido verão!

Porque o verdadeiro patriota é o que se não furta a ver e revelar os males de seu país, e que, pela inquietação das muitas cogitações fundas, na anciã de remédios descobrir para os Curar, encanece, desprendido de temor pelo sacrifício da própria vida...

Dar as costas ao cenário empolgante, negar os fatores da depredação e em seguida proclamar a aldeiota de nascimento o primeiro país do mundo, não é patriotismo, mas o cumulado ridículo da *patriotice*!

A Verdade — oculta, produz a repetição e arraiga o erro; externada, corrige e edifica.

Acoimar-se-me-á de maldizente ou de eterno desagradado?

Tal não importará, porque muito me ufano de não arder às chamas daqueles desabridos entusiasmos do otimismo — filho espúrio das conveniências das posições oficiais, artificiosa eflorescência do triunfante engrossamento...

Poderia, em apriorística defesa, vir lembrar que bem poucos brasileiros, livres de qualquer insuflação oficial, repletos dessa facúndia de quem jamais onerou ao erário público em um simples real, tem, aos 26 anos, congregado esforços mais vivos em benefício do alevantamento material e moral do seu país, embora os invejosos — pelas perspectivas em si e supostas vantagens decorrentes — lhes tenham, baldos de razão e prenhes de ganância, trancado a porta dos trâmites costumeiros.

Ainda agora sou vítima da credulidade invulnerável de cavalheiro, por ter faltado ver nos anelos com que se pretende insinuar a entrada de capitais nessa República, uma mera retórica cheia de ganchos para neles dependurar-se, em futuro, a clâmide da gloriosa benemerência... O governo fez-se de guarda de eclusa, cerrando-lhe presto as portas, mal lobrigara o sinal de passagem impetrada por uma barca de capital inglês, que ia rumo ao Acre...

A esta, não cabendo esperar a misericórdia da retirada dos

empecilhos, nem insinuar a abri-las de par em par, impôs-se tornar sem demora às águas nativas, sob o mesmo sulco antes deixado.

Não me alquebra, nem prostra a negação. Continuo, convencido, a trabalhar pelo Brasil. Não o renego, nem guerreio senão para o melhorar: defeituosa e mal dirigida, é essa a saudosa Pátria minha!

Quero e anseio por vê-la forte, poderosa, triunfante na hegemonia, dardejando no congresso da política universal em fúlgido destaque, como aquela Torre Antônia que, incendida, rutilava ao sol de Jerusalém como se fora um outro sol... porque para tanto ela tem todos os *prós* exigíveis e um exclusivo *contra*, que é o filho político desnaturado.

Não sou autômato da suspeita, nem impensado motineiro: minhas ideias, sobre parecer um temeroso explosivo atirado de encontro à quietude modorrenta indígena, tem o propósito de, advertindo-a da desvantagem da sua longevidade, aclarar ao mesmo tempo a consciência dos vendilhões da Pátria, para que não atribuam inépcia a todos os que temeram apontar-lhe nos atos a sombra negra do Mal.

A cegueira, jovem Sr. Ministro, é uma grande desventura — e o pior cego é aquele que, denunciado pelo aforismo, não quer ver!...

Argumentar-se-á que a falta de iniciativa particular é em grande monta a responsável pela imutabilidade dos cenários nacionais. De lado a influência da sedentariedade hermínia, a apatia patrícia deve a existência à pressão do governo, por indomável inveja de seus associados.

Pois ainda agora não acabo de conseguir a introdução de capitais para o desenvolvimento do Acre e o governo, em se negando a reiterar as implícitas garantias do Tratado de Petrópolis, não motivara o retraimento de investidores estrangeiros? Deixo de comentar esse fato às incisões da luz meridiana, em todas as minúcias, por parecer o caso algo individual...

É bem provável que a descrição da nudez, fazendo corar aos leiloeiros da Pátria, exorte-os a abjurarem a essa religião da malfeitoria, invertendo-lhe os polos e soerguendo o Bem. Se tal se der, certo não me será negado o título de bom patriota; se falhar, não será esta carta-livro que mais venha afundar a desgraça, não só porque estamos privados de atingir pior situação, como porque não se lhe contendo nenhum elemento nocivo, a semente poderá germinar em todo o tempo....

O fogo, descoberto e combatido, chega a um termo; abafado, alastra-se silente — e quando se apresenta é tão furioso que, nada o contendo, nada poupa!

Convenho, todavia, em que somente as prerrogativas de brasileiro nato me dão ensejo de vir a público salientar os desengonçados contornos dessa imagem da República, toda nua, sem as falazes promessas da fealdade núbil: por isso que nenhum estrangeiro, mesmo radicado ao solo brasíleo, deverá ousar a emissão destes conceitos — falas de tal natureza e relevância devendo tão somente ser permitidas aos nativos de uma nacionalidade, que as manchas, desregramentos e criminalidade dos pais apenas aos filhos competem esmerilhar e julgar, privados de ingresso na discussão, tanto os melhores amigos-velhos, como os intrusos!!

Quanto a dirigir a V. Exa. esta fastidiosa carta, duas razões coincidentes motivam-na: o problema da riqueza indígena, mercê do timoneiro da Viação, e a plenitude de juventude até então jamais vista glorificar-se no gabinete de Estado da República.

Da mocidade alertada e saturada de força de vontade, liberta daquelas segnícias antes apontadas, dessa geração nova educada no *struggle* da competência e no bulício das grandes atividades internacionais, é que dependerá a grandeza do Brasil amado: e V. Exa. muito poderá fazer por esta, quer diretamente, quer pela convivência com as cãs ora dominantes, ao influxo da confirmação do prestígio hereditário, encontrando momentos azados para ministrar-lhes o elixir do rejuvenescimento ou os ingredientes do artificialismo...

Ousar-se-á negar magníficos efeitos ao remoçar de nossa velhice conservadora?

Acoimar-se-me-á, ao fechar a carta, de demolidor ou perturbador da falsa paz de agora, mormente nesses delírios da Exposição, por enviar às paragens patrícias essas bem sentidas sugestões?

Suponha-se uma mole inteira, sonolenta, cochilando de modo sincrônico, a abrir de quando em quando as pálpebras para receber o adeus triste da luz purpúrea dos ocasos, mole essa alheia à escuridão que lhe vem envolvendo e em plena ignorância das línguas de fogo de um incêndio que sutil se lhe aproxima pelas costas. Será mais nobre, mais encomiástico, o ato de quem se esquive a quebrar a modorra que anestesia a populaça indolente e se ponha a rezar, na esperança de que as chamas se estingam antes de atingir-lhe a pele e de ímpeto cremá-la por inteiro, ou a tática daquele previdente que lhe salta em pleno meio comatoso, grita a pulmões cheios, empuxa, sacode-a com violência pelos cabelos, advertindo-a do perigo e apontando-lhe o *exit* salvador?

Responda V. Exa., aos que o inquirirem, se é que alguém oporá controvérsias ao plano dessa cruzada césar-alexandrina.

*****

Leve V. Exa. avante essas ideias, cerrando os olhos às máscaras dos politiqueiros para não cercar incondicionalmente de distinções incabíveis aos filhos de *alcaides*, em detrimento de órfãos do rodapé social, porém de muito mais valor; (porque a verdadeira República só conhece uma nobreza — a de inteligência e de ações) atenda tão só ao mérito de quem se imponha pela maior largueza das aptidões capazes de servir à execução do programa do desenvolvimento nacional — e destarte terá dado o mais belo exemplo de justiça, critério e independência individual desejáveis, redento de suborno, liberto de *amigos ursos* e das exigências desarrazoadas de partidos anarquizados.

Será o primeiro passo, o mais avantajado, em favor da uniformidade de vistas e ações na comunhão brasileira, falta a que se devem a diversidade de caráter, a turbulência de desejos, a fraqueza do discernimento, a extemporaneidade dos projetos ocos...

Tranque os ouvidos aos *Paxecos* da engenharia indígena, dilatados no engrandecimento pelo calor do *engrossamento* dos bajuladores reles, panegiristas de fancaria, e atenda a quem adormente todas as opiniões profissionais na grandeza benfazeja do tirocínio prático, na realidade possante da ciência, porque somente destes colegas é que a prosperidade da nação muito tem a esperar!

E procurando quebrar-nos as amarras ao fanatismo católico-apostólico-romano, vencermos a conservadora herança lusitana, escachar o parasita africano ou expulsá-lo de vez de nossas fronteiras — ao mesmo tempo em que se for desbravando a floresta impérvia das imediações do paralelo 55° Oeste de Greenwich e abrindo ao tráfego a grande artéria sul-americana do Prata ao Amazonas, terá V. Exa. avançado até à vanguarda dos maiores feitos, inscritos nos anais da Pátria, e conquistado a mais alta benemerência que ela pode ficar a dever a um seu devotado filho.

Tal é a missão para quem, em benefício da merecida culminância da República do Brasil, se não dê de pagar um tributo de vida — pois que uma tão complexa campanha exige esforços reais, intensíssimos, ao invés dos subterfúgios de palavras dúbias, moldáveis às conveniências de todo o tempo...

Londres, 10 de Dezembro de 1907.

P. S. — Mal acaba a composição da carta original, vem-me ao conhecimento, por telegrama daí expedido, a ausência oficial do Brasil — que se tem feito representar em todos os congressos internacionais, inclusive o médico da Guatemala — na exposição de tudo o que concerne à indústria da borracha, a realizar-se em breve em Londres.

Alega-se não haver verba para esse fim, em face da exaustão financeira do país, e convém-se, mesmo, em ser-lhe de todo desnecessária e inútil a presença naquele grande certame industrial...

Não será um tal furto à *inutilidade* do comparecimento àquele comício, de exclusivo interesse de um gênero que ora ocupa o segundo lugar na escala da exportação indígena, uma confirmação explícita dessa *luminosidade* de discernimento dos pais da Pátria, por mim tão abertamente *aplaudida*?

Esquivo-me a comentários ulteriores, deixada todavia ao sabor do leitor a digressão através do assunto...

Nova York, Agosto de 1908.

C. V.

143

www.ingramcontent.com/pod-product-compliance
Lightning Source LLC
Chambersburg PA
CBHW050452290526

45786CB00006B/2261